KB004426

14살부터 시작하는

1일 1논어

14살부터 시작하는
1일 1논어

초판 1쇄 펴냄 2023년 08월 04일
2쇄 펴냄 2023년 12월 18일

엮고씀 사이토 다카시
그림 야기 와타루
옮김 이소담

펴낸이 고영은 박미숙
펴낸곳 뜨인돌출판(주) | 출판등록 1994.10.11.(제406-251002011000185호)
주소 10881 경기도 파주시 회동길 337-9
홈페이지 www.ddstone.com | 블로그 blog.naver.com/ddstone1994
페이스북 www.facebook.com/ddstone1994 | 인스타그램 @ddstone_books
대표전화 02-337-5252 | 팩스 031-947-5868

ISBN 978-89-5807-969-9 03100

사이토 다카시 엮고씀 | 야기 와타루 그림 | 이소담 옮김

뜨인돌

머리말

『논어』를 처음부터 끝까지 읽어 본 적이 없더라도 우리는 일상에서 자연스럽게 『논어』와 만납니다. 예를 들어 '이립(而立, 서른 살)'과 '불혹(不惑, 마흔 살)'은 『논어』의 '나는 열다섯에 학문에 뜻을 두었고 서른에 스스로 섰고 마흔에 흔들리지 않았다'에서 나왔습니다. '계발(啓發)'도 『논어』의 '궁금해서 답답해하지 않으면 일깨우지 않고, 표현이 어려워 더듬거리지 않으면 알려 주지 않는다'에서 유래했죠.

'넘치는 것은 모자라는 것만 못 하다(과유불급)' '의를 보고 행동하지 않음은 용기가 없기 때문이다' '허물이 있으면 즉시 고치기를 꺼리지 말라' '말이 교묘하고 얼굴을 곱게 꾸미는 사람 중에는 어진 이가 적다' '인자는 근심하지 않는다' '멀리서 벗이 찾아오니 기쁘지 아니한가' '옛것을 익히고 새것을 알다(온고지신)' 등도 전부 『논어』에서 유래한 말입니다.

『논어』는 지금으로부터 약 2500년 전 중국 춘추시대 때 살았던 공자의 어록집입니다. 경구의 수는 약 500구, 200자 원고지로 60장 정도입니다. 원본은 그렇게 길지 않은데 유교의 귀한 경전이어서 후세 학자들이 많은 주석을 붙였죠.

약 2500년 전 이야기이다 보니 『논어』라고 하면 낡아 빠진 도덕서라는 생각부터 들 수 있어요. 자, 그런 편견은 잠깐 접어 두고 공자가 어떤 사람이었는지, 공자가 어떤 말을 남겼고 어떤 의미가 있는지 살펴봅시다. 그러면 『논어』는 현대 사회를 사는 우리에게 큰 도움이 되는 '삶의 힌트 모음집'으로 되살아난답니다.

공자는 기원전 552년, 중국 중동부 노나라에서 태어났습니다. 춘추시대는 강대했던 주 왕조가 쇠퇴하고 열두 제후라 불리는 노, 제, 진(晋), 진(秦), 초, 송, 위, 정, 동, 채, 조, 연을 비롯한 약 200개의 국가가 무력으로 영토 확장을 해 나가면서 질서와 도덕이 크게 무너진 시기입니다. 진시황제가 중국을 통일한 것은 춘추시대와 전국시대를 겪은 한참 후였죠. 공자의 아버지 숙량흘은 예순을 넘은 무인이고, 어머니 안징재는 열여섯 살의 무당으로 두 사람은 혼인 관계는 아니었습니다. 공자의 이런 출생을 두고 세상 사람들은 손가락질했고, 심지어 세 살 때 아버지가 세상을 떠나면서 공자는 눈칫밥 먹는 소년 시절을 보냈습니다. 그래도 공자를 홀로 키운 안징재가 당시로는 드물게 문자를 잘 아는 사람이어서 공자에게 직접 읽고 쓰기를 가르쳤다는 설도 있으니, 그가 교육을 아예 받지 못한 것은 아닙니다.

이윽고 성장한 공자는 혼란스러운 나라를 도덕과 교육으로 바로잡고자 정치가가 되기를 꿈꿉니다. 그러나 집안도 좋지 않고 재산이나 후원자도 없는 청년이 정치가가 되는 것은 참으로 어려운 일이었습니다. 20대 때 하급 관리로 일한 적이 있으나 본격적으로 정치에 들어

선 것은 쉰두 살부터입니다. 기다림의 시간이 굉장히 길었죠. 공자는 노나라의 26대 군왕 정공 때 중도재(지방관)라는 관직에 임명되었고, 쉰네 살에 대사구(사법 장관), 쉰다섯 살에 재상 대행까지 오르게 됩니다. 그러나 이듬해 노나라의 실권을 장악하고 제멋대로 뒤흔들었던 공족 '삼환(노나라 환공의 자식인 세 대부 맹손, 숙손, 계손을 가리킨다)'과의 정치 싸움에서 패해 나라에서 추방됩니다. 그 후로 공자는 14년 동안 방랑의 시간을 보냅니다. 정치가가 되어 나라를 올바르게 세우려는 공자의 뜻은 거의 이루어지지 않았습니다. 정치가로서의 공자는 실패한 것처럼 보입니다.

그런 한편으로 공자 곁에는 제자들이 많이 모였습니다. 공자는 제자 교육에 힘써서, 예순아홉 살에 노나라로 돌아가 일흔네 살에 세상을 떠날 때까지 교육가로 살았습니다. 3,000명이나 되는 제자를 키워 유능한 인물을 세상에 많이 내보냈지요.

공자의 인생은 대부분 가시밭길이었습니다. 좌절하지 않고 긍정적으로 살았으나 결코 순탄한 삶을 살았다고 할 순 없지요. 그런 공자의 말이 중국부터 시작해 전세계에서 수많은 사람의 마음을 사로잡고 오랫동안 사랑받는 이유가 무엇일까요? 수많은 의견이 있지만, 그 중 하나로는 세상살이에 서툴러 보일 정도로 곧고 높은 공자의 생각과 뜻을 들 수 있습니다.

보통 성공한 사람들을 보면 생활 방식을 상황에 맞춰 능숙하게 바꿉니다. 그런데 공자는 언제나 하늘의 도리를 믿고 주어진 사명을 완수하는 것만을 바라며 살았습니다. 어떻게 보면 고지식하고 서툴러 보이는 삶에 많은 사람이 이끌리는 건 나도 저렇게 되고 싶다는 바람 때문이 아닐까요?

숭고한 뜻과 꿈을 지녔어도 공자처럼 살아가기는 어렵습니다. 그래도 뜻이나 꿈이 생기면 강해질 수 있습니다. 언젠가 자신이 바라던 이상에 도달할 수도 있죠. 그때그때 능숙하게 살아가는 것도 당연히 쉽지 않지만, 어떤 상황에서든 자신이 옳다고 생각하는 길을 우직하게 걷는 것은 훨씬 더 어려워요. 요즘 사람들은 자신의 의견을 소리 높여 주장하기를 꺼립니다. 원하는 대로 살지 못해서 어려움을 느끼는 사람도 많습니다. 그럴수록 『논어』를 읽으며 공자의 삶을 배우고 나만의 힘으로 삼아야 합니다. 스승을 만나지 못해도 '늘 곁에 두는 인생 책'이 있으면 우리는 바르게 살 수 있습니다. 지금까지 수많은 사람이 『논어』를 인생 책으로 삼았습니다. 저 역시 고등학생 때 『논어』를 처음 읽은 후로 지금까지 인생의 교훈을 얻고 있습니다. 이 책이 『논어』의 힘을 알리는 계기가 된다면 더는 바랄 게 없습니다.

사이토 다카시

목차

1장 좋은 어른이 되기 위한 공부

공자의 '학문' 이야기

2장

좋은 어른이 되기 위한 예의

공자의 '도덕' 이야기

3장

좋은 어른이 되기 위한 실패

공자의 '태도' 이야기

4장

좋은 어른이 되기 위한 인성

공자의 '인간관계' 이야기

5장

좋은 어른이 되기 위한 리더십

공자의 '리더십' 이야기

6장

좋은 어른이 되기 위한 꿈

공자의 '인생' 이야기

공자의 '학문' 이야기

1장

좋은 어른이 되기 위한 공부

유교무류 有教無類 가르침에는 차별이 없다 위영공 제15

공자는 인간의 가능성을 믿은 탁월한 선생님이었어요. 공자는 교육에 관한 이야기를 많이 남겼는데요. 지금 들어도 멋진 말들이에요. "교육은 사람을 가리지 않는다(어떤 부류의 인간도 교육으로 성장할 수 있다)." "사람은 태어났을 때는 성정이 거의 비슷하다. 그러나 무엇을 배우느냐에 따라 선해지기도 하고 악해지기도 하며 서로 멀어지기도 한다."양화 제17

아버지는 예순을 넘은 무인, 어머니는 무당이었던 공자는 현실적으로 큰 뜻을 품기 어려웠어요. 요즘 말로 흙수저였지요. 게다가 아버지를 일찍 여의었으니 어머니와 둘이서 얼마나 고생했을까요. 하지만 공자는 출신이 아니라 어떻게 배우고 노력하느냐에 따라 사람은 무엇이든 될 수 있다고 단언했습니다.

심리학자 알프레드 아들러는 이렇게 말했어요. "5대를 거슬러 올라가면 조상이 62명이나 있으니 현명한 자를 발견할 수 있다." 사람들은 재능이나 유전을 인생의 결정적 요인으로 여기며 핑계를 대고 싶어 하죠. 그런데 핏줄을 거슬러 올라가면 누구에게나 똑똑한 조상이 있습니다. 아들러는 재능이나 유전은 변명일 뿐이며, 물리적으로 불가능한 일이 아닌 이상은 대부분 노력과 훈련으로 해낼 수 있다고 생각했습니다. '노력'을 '노오력'으로 폄하하는 시대이지만 공자와 아들러가 말하는 노력은 그렇게 폄하할 수 있는 단어가 아닙니다. 누구나 성취감을 느끼며 행복하게 살려면 어느 정도의 노력이 꼭 필요하니까요.

공자가
어느 고등학교에
부임했다.
공자!!
공자!?
교무실
벌떡
일단
창가 쪽
자리에….
어쩌지….
사람은
배움과
노력으로
달라지니까.
나는
교육을
하고 싶어.

02 배우려는 마음의 중요성

불분불계 불비불발 거일우 불이삼우반 즉불부야
不憤不啓 不悱不発 擧一隅 不以三隅反 則不復也

궁금해서 답답해하지 않으면 일깨우지 않고, 표현이 어려워 더듬거리지 않으면 알려 주지 않고, 네 모퉁이 중 한 모퉁이를 들어 보였을 때 세 모퉁이로 반응하지 않으면 반복해서 가르치지 않는다.

술이 제7

사람은 배움으로써 무한히 성장한다고 믿은 공자는 가르침을 구하는 자라면 누구든 가르쳤습니다. 공자는 이렇게 말했습니다. "나에게 가르침을 청할 때 가져오는 선물로 가장 가벼운 것은 육포 열 장이었는데, 최소한의 예법을 알고 그것을 가지고 온 자라면 나는 지금껏 가르치지 않은 적이 없다."술이 제7

공자는 수업료나 신분을 이유로 차별하지 않았습니다. 다만 배우려는 마음이 있는 사람만 가르쳤습니다. 스스로 배움을 구하지 않는 사람은 가르쳐도 소용없다고 하며 이렇게 말했습니다. "알고 싶은데 몰라서 답답해하지 않는다면 지도하지 않는다. 말하고 싶은데 제대로 말하지 못해서 더듬거리지 않는다면 제대로 말하도록 지도하지 않는다. 네 모퉁이가 있는 것의 한 모퉁이를 가리켰을 때 다른 세 모퉁이를 추리해서 알아내지 못한다면 반복해서 가르치지 않는다."

가르침을 받을 때는 배우고자 하는 마음가짐이 가장 중요합니다. 그게 없는 사람은 가르쳐도 소용없습니다. 배우고 싶은 마음이 있는 사람을 가르치는 편이 훨씬 큰 결실을 볼 수 있죠. 배우고 싶어 하는 사람은 호기심도 왕성하고, 빠르게 이해하고 실천하려는 의욕으로 이글이글 타오릅니다. 그들의 의욕은 가르치는 사람에게 최고의 동기 부여가 됩니다.

공자 선생님!
응?
뭐지?
사실
'자'에
'선생'이라는
의미가 이미
있지만….
논어

저…
요즘 인생에
대해 고민이
많아서요….
『논어』를
가르쳐
주실 수
있나요?
논어

흠….
나는
의욕이 있는
학생만
가르칠 건데
진심이냐?
네….

육포
좋아
육포가
있으면
이야기가
빠른데.
육포라도
가져왔느냐?
없는데요!

03 세상에서 제일 어리석은 사람

생이지지자상야 학이지지자차야 곤이학지우기차야 곤이불학 민사위하의
生而知之者上也 學而知之者次也 困而學之又其次也 困而不學 民斯爲下矣
태어나면서부터 이를 아는 자는 최고이다. 배워서 이를 아는 자는 그다음이다. 곤경에 처해 배우는 자는 그다음이며 곤경에 처해도 배우지 않는 자는 가장 아래다. 계씨 제16

공자는 배우면 누구든지 성장할 수 있다고 믿었고 그렇기 때문에 배우려고 하지 않는 자에게는 매서운 시선을 보냈습니다. 이렇게 말했지요. "태어나면서부터 잘 알고 있는 자가 최상이고, 배워서 이해하는 자는 그다음이다. 막혔을 때 배우는 자는 또 그다음이며 막혔는데도 배우지 않는 자는 최하로다."

태어나면서부터 아는 사람이란 극소수의 천재를 말합니다. 그렇다면 사람들 대부분은 배워서 알겠지요. 처음부터 목표를 세우고 배우는 사람과 궁지에 몰려 배우기 시작한 사람 사이에 차이는 있어도 배우면 누구든 성장합니다. 가장 큰 문제는 애초에 배울 생각이 없고 궁지에 몰렸으면서도 배우려고 하지 않는 사람입니다. 공자는 배움을 내던지는 것은 사람으로서 성장하는 기회를 내던지는 것이나 마찬가지라고 생각했습니다.

"어리석은 자는 경험에서 배우고 현명한 자는 역사에서 배운다." 독일의 초대 재상 비스마르크의 유명한 말인데, 원뜻은 '어리석은 자는 자기 경험에서 배운다고 한다. 나는 다른 사람의 경험에서 배우는 것을 선호한다'라고 합니다. '나답게 살고 싶다' '나는 나다'라는 말을 방패 삼아 다른 사람의 경험에서 배우려 하지 않는 사람이 있는데, 그러면 진정한 성장은 어려울지도 모릅니다. 아무리 나답게 산다 해도 전혀 성장하지 않는 인생은 불만족스럽지 않을까요?

저… 육포를 가지고 왔는데요….
가르쳐 주실 수 있나요?
논

배우려는 마음!
그 마음이 가장 중요하단다.

문제가 생기기 전에 배우는 것이 좋지만, 문제가 생긴 후에 배워도 늦지 않아.
네

가장 안 좋은 건 문제가 생겼는데도 배우려고 하지 않는 사람이야. 어른 중에도 있으니까 조심하거라.
머엉~.
다케다 선생님….

04

모르는 것은 모른다고 말하기

지지위지지 부지위부지 시지야
知之為知之 不知為不知 是知也
아는 것을 안다고 하고, 모르는 것을 모른다고 하라. 그게 곧 아는 것이다. 위정 제2

공자의 제자 중 『논어』에 제일 많이 등장하는 사람은 '자로'입니다. 자로는 솔직하고 용맹하나 다소 경솔한 면이 있어서 공자는 그를 잘 가르치고 이끌려 했습니다. 어느 날, 공자는 "너에게 '아는 것'이 무엇인지 알려 주마"라고 운을 띄우고 이렇게 말했습니다. "확실하게 아는 것만을 '아는 것'이라고 하고 잘 모르는 것은 '모르는 것'이라 하라. 이처럼 '알고 있는 것'과 '모르는 것' 사이에 명확한 경계선을 그으면 진정으로 '아는 것'을 말할 수 있다."

어느 정도 공부하면 뭐든 다 아는 것처럼 기고만장해지기 쉬운데, 그러면 배움이 멈춥니다. 모르는 것은 모른다고 확실히 인정하고 끊임없이 배워야 성장합니다. 실제로 공자는 위나라의 군주 영공이 군대 진형을 어떻게 해야 할지 묻자 "제기를 놓는 법은 예전부터 알고 있습니다만, 병사를 세우는 방법은 배운 적이 없사옵니다"위영공 제15라고 대답하고 다음 날 위나라를 떠났습니다. 공자보다 100년 정도 뒤에 태어난 그리스 철학자 소크라테스가 말한 '무지의 지'도 같은 의미입니다. 소크라테스는 '나는 모르는 것이 있다'는 사실을 깨닫는 것이 중요하다고 여겼습니다. 이러한 무지를 자각하는 '무지의 지'가 진정한 지식을 탐구하는 힘이 된답니다.

『논어』에서 무엇을 배우고 싶으냐….
그러고 보니…
앗!

그게요….
모르겠어요…. 글을 읽기는 하는데 진정한 의미를 잘 모르겠거든요….
논

그거다!
무얼 모르는지 아는 게 배움의 시작이야.

그러면 아는 것이 없는 게 좋은 건가요?
아니지. 모르는 것을 알아야 비로소 의문도 생기고 탐구할 수 있다는 뜻이란다.

호인불호학 기폐야우 호지불호학 기폐야탕 호신불호학 기폐야적 호직불호학 기폐야교…
好仁不好學 其蔽也愚 好知不好學 其蔽也蕩 好信不好學 其蔽也賊 好直不好學 其蔽也絞…

인을 좋아하되 배우지 아니하면 어리석어지고, 지를 좋아하되 배우지 아니하면 방종해지고, 신을 좋아하되 배우지 아니하면 해를 끼치게 되고, 직을 좋아하되 배우지 아니하면 각박해진다….

양화 제17

공자는 제자 자로에게 "육언(六言)의 미덕(인·지·신·직·용·강)과 여섯 가지 폐단을 들어 본 적 있느냐?"라고 묻습니다. 자로가 들어 본 적이 없다고 대답하자, 공자는 이렇게 설명합니다.

"자비를 좋아해도 학문을 익히지 않으면 어리석어진다. 지식을 좋아해도 학문을 익히지 않으면 이치만 내세우고 종잡을 수 없게 된다. 신념을 좋아해도 학문을 익히지 않으면 작은 일에도 과하게 성실하거나 맹신해 남이나 자기 자신에게 상처를 준다. 정직을 좋아해도 학문을 익히지 않으면 남을 너무 엄하게 대하게 되어 인간으로서 정이 부족해진다. 용기를 좋아해도 학문을 익히지 않으면 난폭해지거나 질서를 흐트러뜨리게 된다. 강직함을 좋아해도 학문을 익히지 않으면 주변을 돌보지 않고 성급하게 목표를 달성하려는 독선에 빠진다. 이것이 폐단이로다."

자로는 용맹하고 정직한 인물이었지만 배우려는 자세가 부족했는지도 모르겠군요. 그래서 공자는 자로에게 '육언의 미덕도 물론 중요하지만, 폐단을 피하려면 학문을 익히고 갈고 닦아야 한다'고 가르쳤습니다. 아무리 훌륭한 신념이나 가치관을 지녀도 진리를 깊이 탐구하지 않으면 헛돌게 됩니다. 용기가 무엇인지 정확하게 '아는' 사람은 진정으로 용감한 사람이 될 수 있겠죠?

두둥…
어제 집을 가다가 같은 반 친구가 쓰레기를 길에 버렸어요.
그러면 안 된다고 말했더니 오히려 저한테 마구 화를 냈어요. 너무하지 않아요?
두둥…
아, 그리고… 얼마 전에 옆 반 친구가 자기한테 단점이 있으면 알려 달라고 해서
솔직하게 말했더니 일주일간 저랑 말을 안 했어요…. 너무하죠!
두둥…
생각한 대로 말하면 안 되는 건가요?!
저는 도대체 어떻게 해야 할지 모르겠어요!

좋은 의도로 한 행동이라도 때로는 나쁜 일이 될 때가 있단다.
아앗!!
일단 진정하고, 어떻게 살아가야 할지 배우는 게 좋겠구나.

온고이지신 가이위사의
溫故而知新 可以爲師矣
옛것을 공부하고 새로운 것을 알면 남의 스승이 될 수 있다. 위정 제2

만유인력의 법칙을 발견한 아이작 뉴턴은 물리학, 수학, 천문학 등의 분야에 대단한 업적을 남긴 과학자인데, 그는 자기 혼자만의 힘으로 모든 것을 이루었다고 생각하지 않았습니다. "내가 더 멀리 볼 수 있었던 것은 오로지 거인들의 어깨 위에 올라선 덕분이다"라는 말을 남겼죠. 여기에서 '거인'이라 함은 선조들이 오랜 세월에 걸쳐 쌓아 온 연구와 지식입니다. 오랫동안 쌓인 업적들 덕분에 넓은 시야를 얻어 새로운 발견을 할 수 있다는 의미이지요. 공자의 말로 유명한 '온고지신'도 선조들의 지식이나 지혜를 배워야만 비로소 새로운 것을 만들어 낼 수 있다는 뜻입니다. 공자는 이렇게 설명합니다. "낡았지만 좋은 것을 가릴 줄 알아야 새로운 것의 장점을 알 수 있다. 그걸 아는 사람만이 스승이 될 수 있다."

진정한 창조란 무에서 유를 낳는 것이 아니에요. 과거에 쌓았던 것을 익히면서 생긴 의문이나 모순을 해결하려고 끝없이 고민해야만 비로소 새로운 무언가가 탄생합니다. 이때 과거의 업적을 맹신하지 말고 새로운 눈으로 바라보는 자세가 중요해요. 과거가 있기에 지금을 살아갈 수 있는 거예요. 이 말은 곧 우리에게는 미래를 위해 새로운 것을 만들 의무가 있다는 뜻입니다. 우리 한 사람 한 사람이 '온고지신'의 마음으로 살아가야 인류가 계속해서 발전할 수 있답니다.

흠…
아까부터 자꾸 공부하라고 말씀하시는데 뭘 공부하면 좋을지 전혀 모르겠어요.
역사를 공부하는 것도 좋겠구나. 과거에 벌어졌던 일도 우리와 똑같은 인간이 한 일이니까.
지금의 시선으로 보면 새로운 의문이 생길 거란다.
그리고 과거를 절대적으로 여기지 말아야 해.
그렇게 생겨난 의문을 곰곰이 생각해 보거라.
지금의 시점에서 새로운 눈으로 다시 살펴보는 게 좋단다.
공부의 목적은 단순히 만물 박사가 되는 게 아니야.

07 어리석은 사람에게도 배울 점이 있다

삼인행 필유아사언 택기선자 이종지 기불선자이개지
三人行 必有我师焉 择其善者 而从之 其不善者而改之
세 사람이 길을 가면 반드시 나의 스승을 얻을 수 있다. 가장 좋은 것을 선택해 따라라. 가장 좋지 않은 자를 보고 고쳐라.
술이 제7

공자는 훌륭한 교육자였지만, 항상 누구에게서나 배우려 했습니다. 우리는 종종 모범생이나 똑똑한 친구에게는 배울 것이 많아도 어리석은 사람이나 무능한 사람에게는 배울 것이 없다고 생각합니다. 사실은 그렇지 않아요. 오히려 그런 사람들을 반면교사로 삼으면 배움이 훨씬 넓어집니다. 세상에 무의미한 만남은 없답니다.

공자는 이렇게 말했습니다. "나는 세 사람이 함께 움직이면 반드시 그들 중에서 내 스승을 찾는다. 두 사람 중에서 한 명이 좋은 사람이고 다른 한 명이 나쁜 사람이라면, 좋은 자에게서 좋은 면을 배우고 나쁜 자를 보면서 나쁜 면이 내게는 없는지 반성하고 수정한다." 공자는 이런 말도 했습니다. "현명한 사람을 보면 그 사람과 비슷해지고 싶다고 생각하고 현명하지 않은 사람을 보면 나도 저러지는 않는지 반성해야 한다."이인 제4

공자가 말하는 '사람'을 '경험'으로 바꿔서 생각하면 이해하기 쉽겠어요. 훌륭한 경험이나 성공담을 통해 많은 것을 배울 수 있지만, 나쁜 경험이나 실패담에서도 많은 것을 배울 수 있습니다. 언뜻 평범해 보이는 경험이 훗날 생각지 못하게 도움이 될 수도 있죠. '사람' 역시 마찬가지입니다.

선생님,
안녕히 계세요~
내일 뵐게요!
조심히
가거라~

아하하하하하
우히히히히
야마다!!
앗, 또
버렸어!
!
까앙~

쓰레기
줍는 게
빨라!
사사삭
앗!

선생님
빠르시네요
!
좋은 자에게서
좋은 면을 배우고
나쁜 자에게서는
고칠 점을
배우거라.

08

생각하는 것과 아는 것

학이불사즉망 사이불학즉태
學而不思則罔, 思而不學則殆
배우고 생각하지 않으면 얻는 게 없고 생각만 하고 배우지 않으면 위태롭다. 위정 제2

공자는 올바르게 판단하려면 지식만으로는 부족하다고 생각했습니다. "아무리 배워도 스스로 생각하지 않으면 진정으로 이치를 깨닫지 못한다. 스스로 아무리 생각해도 배우지 않으면 독단에 빠져 어긋날 위험이 있다." 생각하는 힘, 즉 사고력은 훈련을 통해 키울 수 있습니다. 사고력은 스스로 생각하고 실천함으로써 높일 수 있거든요.

공자는 지식이 없으면 사고력을 키우지 못하고, 반대로 지식을 잔뜩 채워 넣어도 사고력이 없으면 현실에 도움이 안 된다고 했습니다. 결국 어느 한쪽에 치우치지 않고 양쪽의 균형을 잘 유지하는 것이 중요합니다. 어떤 사람의 성공담을 듣고 '어라? 생각보다 발상이 단순하네?' '그건 나도 알고 있던 건데?'라고 생각한 적이 있을 거예요. 그런데 생각만 하는 것과 실제로 추진하고 성과를 내는 것에는 큰 차이가 있습니다. 아무리 지식이 많아도 행동에 옮기지 않으면 아무런 의미가 없어요. 뭔가 아이디어가 떠오르면 즉시 해 봐야 합니다. 잘될 때도 있고 안될 때도 있겠지만, 안될 때는 '뭐가 문제지?' 하고 곰곰이 생각하고 부족한 부분을 공부해서 한 번 더 해 봅시다. 그렇게 반복하다 보면 지식과 사고가 동시에 작용하면서 조금씩 성과를 내게 될 거예요.

도서관
순조롭게 공부가 되는 것 같아.
좋~아! 또 한 권 다 읽었어.

!
헉
선생님!
그걸 읽으며 어떤 생각이 들었니?

으윽
지식을 채워 넣어도 그걸 바탕으로 생각하지 않으면 사실은 아무것도 모르는 거란다.

그렇다고 아무것도 배우지 않고 생각만 하면 안 되지.
지식 없이 그저 생각만 하면 잘못된 방향으로 갈 가능성이 높아.

행유여력 즉이학문
行有餘力 則以學文
맡은 일을 전부 하고 힘이 남으면 그때 학문을 배워라. 학이 제1

사상가이자 교육가였던 요시다 쇼인은 『강맹여화』라는 책에서 이렇게 말했습니다. "물이 나오지 않는다면 아무리 깊이 팠어도 그건 우물이 아니다. 마찬가지로 아무리 학문에 힘써도 '도(道)'를 몸소 체험하지 않으면 그건 학문이 아니다." 공자는 공부도 열심히 해야 하지만 덕을 키우지 않고 학문에만 파고들면 부족하다는 것도 알고 있었습니다. 공자는 "어린 사람은 집에서는 부모님을 잘 섬기는 데 힘쓰고 밖에서는 연장자를 섬기고 동생에게 헌신하고, 언제나 성실할 것을 명심해야 한다. 또 세상 사람을 널리 사랑하고 인자(仁者)를 곁에 두고 따르라"고 말한 뒤 "그런 일을 전부 한 후에도 여력이 남으면 『시경』과 『서경』 같은 서적을 공부해라"라고 했습니다.

아마존 창업자 제프 베이조스의 일화가 생각나네요. 그는 열 살 때 조부모와 여행을 떠났습니다. 그때 할머니가 담배를 즐겨 피운다는 걸 알았죠. 그래서 금연 광고에서 본 '담배를 한 번 피울 때마다 수명이 2분씩 줄어든다'는 데이터를 바탕으로 할머니에게 수명이 9년이나 줄어들었다고 충고했습니다. 베이조스는 할머니가 똑똑하다고 자신을 칭찬해 주길 기대했어요. 그런데 할머니는 울음을 터뜨렸고, 할아버지는 "똑똑한 것보다 다정한 게 어렵다는 걸 깨우칠 날이 언젠가 올 거다"라고 말했습니다. 그 일을 겪은 후, 그는 배려심이 있어야 현명해질 수 있다는 사실을 깨달았습니다. 마음이 풍요로운 게 먼저이고 가장 중요하다는 것을 잊지 맙시다.

공자 선생님이 가정방문을 했다.
안녕하세요
안녕하세요

집에서는 어떻게 지내나요?
선생님 덕분에 요즘 공부를 열심히 해요.

집안일은 잘 돕고요…?
그다지….
스마트폰을 보거나 책을 읽거나….

부모님을 돕는 것부터 하게 하시지요.
그런가요
다른 사람의 마음을 이해하게 될 소중한 기회니까요.

고지학자위기 금지학자위인
古之學者爲己 今之學者爲人
옛 학자는 자신을 위해 공부했는데 요즘 학자는 남의 눈을 의식해서 공부한다. 헌문 제14

하나부터 열까지 '가성비가 좋은가?' '도움이 되나?' '본전을 건질 수 있나?' 하고 이익을 따지는 사람이 있습니다. 이익을 따지는 것이 꼭 나쁘다는 건 아니지만, 무엇을 할 때는 '즐거우니까' '좋아하니까' '푹 빠졌으니까'라는 이유로 하는 편이 훨씬 더 성장 가능성이 높습니다. 이익을 따지는 데 밝은 사람은 "그렇게 성장해서 뭐 좋은 게 있나요?"라고 물을지도 모르겠군요. 하지만 인생의 목적이 돈이나 명예가 아니라 성장 그 자체여야 좀 더 행복한 인생을 살 수 있지 않을까요? 이런 가치관의 차이가 예전부터 있었는지, 공자도 이렇게 말했습니다. "예전에 학문에 힘쓴 사람은 자기 수양을 위해서 했는데 이 시대에 공부하려는 사람은 남에게 보여 주기 위해서 한다."

아무래도 기원전 500년경 사람들의 배움이 그전 사람들의 배움과 전혀 달랐나 봅니다. 요즘은 자기 자신의 발전을 위해서가 아니라 높은 자리에 오르거나 남들에게 칭찬받고 싶다는 '목적'을 위해 배우고 있다며 공자는 쓴소리를 했습니다. 우리는 학교에서 공부를 할 때 원하는 대학을 목표로 삼을 때가 많아요. 그런데 대학보다 공부 그 자체에 집중할 때 성장이 일어납니다. 열심히 공부하면 지식을 쌓고 입시생이라는 어려운 시절을 견디는 좋은 경험도 얻을 수 있어요. 무엇보다 학문의 즐거움을 깨달을 수 있어서 소중합니다. 학문 그 자체의 재미를 깨닫고 '내 꿈과 성장을 위해서' 공부하는 것이 공부의 바른 목적입니다.

누가
무얼 위해
배우냐고
물으면
뭐라고
대답하겠니?
음~
일단
지금은
즐거우니까?
그 마음을
소중히
여기거라.
음 음
즐거우니까, 좋아하니까,
성장하니까. 바로 그런
마음이 중요해.
이 세상에는
돈이나
명예를 위해
공부하는
사람들도 있다.
그렇게 되면
안 된다!
돈이나 명예는
어디까지나
결과야.
거기에
집착하지
말거라.
그러면
공부하는 게
싫어지니
주의해야 해.

11

"가르쳐 주세요"를 습관처럼 말하기

> 민이호학 불치하문 시이위지문야
> 敏而好學 不恥下問 是以謂之文也
> 영민하고 배우기 좋아하며 묻는 것을 부끄럽게 여기지 않았기에 그를 문이라고 부른다.
> 공치장 제5

세상에는 자기보다 윗사람에게는 질문해도 아랫사람에게는 질문하기 싫어하는 사람이 있습니다. 체면이 구겨진다거나 자존심이 상한다고 생각하나 봅니다. 어느 날 제자 자공이 공자에게 물었습니다. "위나라의 대부였던 공문자는 왜 죽은 뒤 문(文)이라는 훌륭한 칭호를 받았습니까?" 공자는 이렇게 대답했습니다. "그는 생전에 영민했으며 배우기 좋아했고 아랫사람에게 질문하는 것을 수치스럽게 여기지 않았다. 문은 학문에 힘쓰고 질문하기 좋아했다. 그러니 공문자는 문이라는 칭호에 어울리는 자이다."

공문자는 누구에게나 가르침을 구하는 겸손함을 지닌 인물이었습니다. 모르는 것을 물어보고 가르침을 구하는 것은 배움의 기본이죠. 공자 또한 다른 누구보다도 많은 사람에게 가르침을 받았습니다. 공자의 그런 자세를 두고 자공은 이렇게 말합니다. "선생님은 누구에게든, 어디에서든 배우셨다. 단 한 명의 스승 밑에 제자로 들어가 배운 적은 없다." 자장 제19

지금은 은퇴한 일본 야구선수 이치로가 미국의 메이저리그에서 활약할 때, 동료 선수들이 "그 공 어떻게 친 거야?"라고 스스럼없이 물어봐서 깜짝 놀랐다고 합니다. 당시 이치로는 일본에서는 유명한 선수였지만 메이저리그에서는 신인이었거든요. 신인에게도 아무렇지 않게 질문해서 알고자 하는 욕심이 그들이 뛰어난 선수가 될 수 있었던 이유 아닐까요?

여길
이렇게
해서~.
이… 스…
스마트폰을
무… 무음 모든지
뭔지로 하려면
어떻게
하면 되니?
이모티콘은
이걸 이렇게….
이… 이모티콘을
보내려면
어떻게
하면 되니?
이럴 땐
누가 선생님인지
모르겠어요.
아하하
흠
누구한테든
겸손하게
배워야 해.
그게
좋은
자세란다.

12 나만의 속도로 꾸준히 노력하기

묘이불수자유의부 수이불실자유의부
苗而不秀者有矣夫 秀而不實者有矣夫
싹이 돋았으나 꽃을 피우지 못하는 자가 있고, 꽃이 피었으나 열매를 맺지 못하는 자가 있다.
자한 제9

공자는 젊은 시절부터 유능한 관리로 활약하거나, 위대한 학자로 인정받은 건 아닙니다. 오히려 50대에 정치 인생에서 좌절을 겪은 안타까운 사람이었죠. 그런 한편으로 학문에 힘써 제자를 3,000명이나 둔 유교의 시조이기도 합니다. 그래서인지 공자는 인격을 완성하기까지 학문에 힘쓰는 것이 중요하고, 어떤 인간이든 노력을 게을리하면 탈선한다고 생각했습니다. "싹이 돋기만 하고 꽃을 피우지 못하는 사람이 있고, 꽃이 피어도 열매를 맺지 못하는 사람도 있다." 또 이렇게도 말했습니다. "나는 태어나면서부터 세상의 도리를 익힌 자는 아니다. 그저 옛것을 좋아하고 오로지 도리를 구한 인간이다."술이 제7

크게 꽃을 피우려면 이런 겸허함과 성실하게 꾸준히 노력하는 자세가 필수입니다. 노력을 게을리하는 사람은 아무리 재능이 있어도 그 재능을 꽃피우기 어려워요. '열 살은 신동, 열다섯 살에는 재사(재주가 뛰어난 사람), 스물이 넘으면 평범한 사람'이라는 말이 있습니다. 이처럼 장래가 기대된다는 말을 숱하게 들은 재능 넘치는 아이가 성장하면서 평범한 사람이 되는 경우가 많습니다. 성장 곡선은 사람에 따라 다릅니다. 어린 나이에 성장이 정점에 이르러 더 늘지 않는다고 고민하는 사람도 있고, 늦은 나이에 성장하는 사람도 있습니다. 결국 부단히 노력하는 것이 가장 중요합니다.

이번에도 망했어.
나는 정말 아무리 해도 안 되는 사람인가 봐.

헉!
나는 지금까지 많은 젊은이를 봐 왔지….

빨리 성장하는 사람도 있지만 그렇지 않은 사람도 있다!
버럭
성장하다가 중간에 멈추는 사람도 있었지!

재능의 문제가 아니야!
끊임없는 노력이 있어야 해!

공자의 '도덕' 이야기

2장

좋은 어른이 되기 위한 예의

13 못 하는 이유의 99%

견의불위 무용야
見義不爲 無勇也
의를 보고 행하지 않으면 용기가 없는 것이다. 위정 제2

"인간으로서 당연히 해야 할 일을 하지 않는 방관자 같은 태도는 용기가 없는 것이다(인간으로서 당연히 해야 할 일을 해야 한다)." 공자의 말은 중국 전국시대의 사상가 맹자에게도 큰 영향을 미쳤습니다. 맹자는 '의(옳은 일)'에 관해 이런 말을 남겼습니다. "어떤 사람이 '나는 그걸 못한다'라고 말할 때, 99%는 '하려고 하지 않는 것'을 '못한다'라는 말로 얼버무리는 것이다. 인간은 이 세상에 정의를 실현하기 위해 살아가는 존재이므로 의를 실현하기 위해서는 죽어도 좋다고 생각해야 한다."

또 일본 막부시대 무사였던 마키 이즈미는 이런 말을 남겼습니다. "의란, 이를테면 사람 몸 안에 있는 뼈와 같다. 뼈가 없으면 목을 제대로 가누지 못한다. 손도 움직이지 않고 다리로 서지도 못한다. 그러니 사람이 아무리 재능이 있고 명석하더라도 의가 없다면 세상에 설 수 없다. 의가 있다면 무지렁이(아무것도 모르는 어리석은 사람)에 서툴더라도 무사의 자격이 있다." 의를 바탕으로 행동하는 것이 일본 무사도의 기본입니다. 공자는 맹자나 마키 이즈미처럼 과격하게 말하지는 않았지만, 올바른 일이나 해야 할 일을 이러쿵저러쿵 핑계를 대며 안 하는 사람을 신랄하게 비판했습니다.

진로는 어떻게 할 생각이니?
이제 슬슬 정해야지.

음….
가고 싶은 대학은 있는데
제 성적으로 갈 수 있을지 모르겠어요.

앗
해야 할 일을 꾸준히 하면 된다!

그래도 포기하지 않고 노력할게요.
그래

14

진정한 용기를 기르는 법

군자의이위상 군자유용이무의위란 소인유용이무의위도
君子義以爲上 君子有勇而無義爲亂 小人有勇而無義爲盜

군자는 의를 최고로 여긴다. 군자가 용맹하면서 의가 없으면 분란이 생긴다. 소인이 용맹하면서 의가 없으면 도둑질한다.

양화 제17

자로가 공자에게 "군자에게 용(용맹함)이 중요합니까?"라고 질문하자 공자는 이렇게 대답했습니다. "군자에게는 용이 아니라 의, 정의, 도리가 제일 중요하다. 위에 선 자가 용맹하지만 의로움이 부족하면 반란이 일어난다. 평범한 자가 용맹하지만 의로움이 부족하면 도둑질을 하려 든다."

헤이안 시대(794년~1185년) 말기의 장수 미나모토노 요시나카는 일족 중에서도 용맹하기로 유명했습니다. 하지만 그의 군대는 오합지졸이라 제대로 통제가 안 되고 난폭한 짓을 벌여서 사람들을 괴롭혔지요. 결국 요시나카의 군대는 인심을 잃고 동족인 미나모토노 요시쓰네에게 토벌되었습니다. 물론 그게 다 그의 책임은 아니지만, 아무리 용맹하고 과감해도 의로움이 없는 군대의 '용맹함'은 야만적으로 변해 결국 사람들의 마음을 돌아서게 하는 법입니다. 용기는 정의를 위해서 발휘해야만 가치가 있습니다.

『대일본사』를 편찬한 것으로 유명한 도쿠가와 미쓰쿠니가 한 말 중에 "살아갈 때 살고 오로지 죽을 때 죽는 것이 진정한 용기로다"라는 말이 있습니다. 용기는 언제나 '의로움'과 함께입니다. 의로워야 견디기 어려운 상황에서도 침묵을 지키고, 불리한 상황에서도 싸울 수 있죠. 그게 바로 진정한 용기입니다.

나 같은
사람도
하버드에
갈 수 있다고
증명할 테다!
우와~
나는
하버드에
갈 거야!

헤헤헤~
야마다….
너 공부는 해?

아니!
나는
커닝으로
모든 걸
해결할 거야!
오오!

야마다는
용기는 있지만
정의감이
부족한 것
같구나….
용기만
있는 사람은
나쁜 짓도
쉽게 하기 때문에
조심하는 게
좋겠다.
네
하하하

15

아무도 하지 않는다면 내가 먼저

극기복례위인 일일극기복례 천하귀인언 위인유기 이유인호재
克己復禮爲仁 一日克己復禮 天下歸仁焉 爲仁由己 而由人乎哉
자신을 이기고 예로 돌아가는 것이 인이다. 단 하루 자기를 이기고 예로 돌아가면 천하가 그를 어질다고 한다. 인을 행하는 것은 자기 자신에게 달렸다. 달리 누구에게 달렸겠는가. 안연 제12

"다들 하니까 나도 할래" "아무도 안 하는데 내가 왜 해?" 이렇게 다른 사람들에게 휩쓸려 자기 행동을 정하는 사람이 있습니다. 공자는 그건 옳지 않다며 이렇게 말했습니다. "자기 자신의 욕망을 이겨 '예(예절)'라는 규범으로 돌아가는 것이 인이다. 단 하루라도 너희가 그럴 수 있다면 세상 사람들도 그것을 본받아 인을 깨우치리라. 인을 행하는 것은 자기 자신에게 달렸다. 남에게 의지해서 하는 것이 아니다." 공자는 이 나라에는 도무지 인이 없다고 한탄하지 말고 단 한 사람이라도 좋으니 올바르게 살겠다고 다짐하면 사회는 그만큼 좋아질 것이라고 생각했어요. 자기 행동은 생각하지 않고 세상만 비판하는 건 잘못되었다는 뜻이죠.

이건 우리 생활에서도 마찬가지예요. 학교에서는 내 의견보다는 친구들을 따라 행동할 때가 많아요. 수업 시간에 질문하고 싶은데 아무도 질문하지 않아서 눈치 보느라 그냥 넘긴 적이 있지 않나요? 하지만 친구들이 무엇을 하든, 하지 않든 간에 내 생각이 가장 중요해요. 공자도 똑같은 말을 했어요. 세상을 바꾸고 싶다면 먼저 나부터 행동해야 합니다. 남이 할 때까지 기다리면 결국 아무것도 변하지 않아요.

그러니까
이렇게
해서….

자는
사람이
많네.
쿨….
쿨….

이건
수능에 필요한
과목도
아니니까.
나도
왠지 의욕이
안 생긴다.

!?
자기
자신을
이겨야 해!
네!
남에게
휩쓸릴 것
같을 때야말로
주의하거라!
드르륵

16

세상에서 제일 위험한 사람

폭호풍하 사이무회자 오불여야 필야임사이구 호모이성자야
暴虎馮河 死而無悔者 吾不與也 必也臨事而懼 好謀而成者也

범을 잡으려 하고 황하를 건너려다가 죽어도 후회하지 않는 자와 나는 함께하지 않을 것이다. 반드시 일에 임할 때 두려워하며 즐기고 도모해 성공시키는 자와 함께하리라. 술이 제7

안연(안회)은 공자가 장래를 기대하며 후계자로 눈여겨본 최고의 제자입니다. 공자가 안연에게 "군주에게 이용당하는 것 같다면 그 길을 가지 않고, 더는 필요 없다는 말을 들으면 물러설 수 있는 마음가짐을 갖추고 행동하는 사람은 나와 너 둘뿐이구나"라고 말하자, 자로가 물었습니다. "선생님께서 대국의 수만 명의 군대를 지휘하신다면 누구와 함께하시겠습니까?" 공자는 이렇게 대답했지요. "맨손으로 호랑이와 대적하려 하고 배도 없으면서 강을 건너려는 자, 그렇게 뒤를 살피지 않고 죽어도 후회하지 않는다는 자와는 함께 행동하지 않겠다. 일에 임할 때 신중하게 생각하고 전략을 세워 일을 하는 자와 함께하고 싶다." 저돌적인 면이 있는 자로를 은근히 타이른 것입니다. "세상이 문란해지고 올바른 도를 소홀히 여긴다. 차라리 뗏목을 타고 바다에 나갈까. 그런 나를 따라오는 자는 자로 정도겠구나"라는 공자의 말을 듣고 자로가 기뻐했을 때도 공자는 "자로는 나보다 더 용맹스러움을 좋아한다. 그러나 끈기 있게 항해를 이어 가기 위한 뗏목의 재료를 가지지 않았도다."공치장 제5 라고 타일렀습니다. 공자는 실천을 중시하는 한편으로 과격한 행동을 싫어했고 중용을 존중했습니다. 심리학자 알프레드 아들러도 비슷한 말을 했네요. "진정한 용기는 유용한 용기이다."

내일
드디어
수능이야!
시험 보러 가기
직전까지
공부하는 게
좋을까….

또
야마다네….
밤새서
기출 문제
다 풀고
시험 보러
갈 거다~~!
아하하하

나는
내일을
대비해
푹 자야지.
계획대로
공부했으니까
괜찮아!

다음 날
수능시험
드디어….

17 상대방을 생각하는 예의

군명소 불사가행의
君命召 不俟駕行矣
군주가 오라고 명령하면 가마를 기다리지 않고 간다. 향당 제10

공자는 '예'를 아주 중요하게 여겼습니다. 특히 「향당 제10」에서는 예의범절에 관한 구체적인 행동들을 이야기해요. 이를 보면 공자가 어떻게 행동해야 예의에 맞는지 언제 어느 때나 고심한 것을 알 수 있습니다. 그런데 조금 읽다 보면 '이건 왜지?'라는 의문이 드는 구절도 있어요. 그중 하나가 이것입니다. "(공자는) 군주의 부름을 받았을 때는 마차가 준비되기를 기다리지 않고 집에서 나섰노라." 군주가 직접 불러 이야기할 정도로 지위가 높은 사람은 외출할 때 마차를 타는 것이 예의에 맞습니다. 그런데 공자는 집에서 걸어서 나오는 일이 있더라도 항상 서둘러 군주에게 갔다고 합니다.

우리가 생각하기에는 마차를 준비하는 잠깐 정도는 기다려도 좋을 텐데 싶죠. 공자는 '논리를 중요시하는 사람'이었지만 그 이상으로 '실행하는 사람'이었습니다. 군주의 부름처럼 즉시 응해야 하는 일이라면 즉각 행동하는 것이 공자에게는 예의범절에 맞는 행위였습니다.

그리고 맞이한
합격 발표 날
있다!
합격했어!

공자 선생님!
휙

공자
선생님!
헉
헉

저…
합격
했어요!
헉
헉
빨리
왔구나!
오옷!

18 태도에서 드러나는 첫인상

문인어타방 재배이송지
問人於他邦 再拜而送之
다른 나라에 있는 사람에게 안부를 전하기 위해 사람을 보낼 때는 두 번 절하고 보냈다. 향당 제10

'세상살이'나 '처세술'이라고 하면 세속적인 느낌이 들죠. 그러나 항상 그렇지만은 않습니다. 굳은 마음을 지닌 동시에 좋은 인상까지 갖추면, 세상에 맞춰 처신하면서도 자기 의지를 밀고 나갈 수 있습니다. 「향당 제10」은 공자의 예의범절 실천 기록집이라고 할 수 있는데, 거기에 이런 구절이 있습니다. "타국에 사는 지인에게 심부름꾼을 보낼 때는 그 심부름꾼에게 두 번 배례하고 보냈다." '배례'란 절을 일컫는 말입니다. 이를 두 번 반복한 것에서 심부름꾼에게 보내는 감사와 '친구에게 말을 잘 전해 주시오'라는 진실 어린 마음이 느껴지지요?

그런데 요즘에는 연장자에게도 아무렇지 않게 반말을 쓰고 친구를 대하는 것처럼 인사하며 그걸 자유라고 말하는 사람들이 있습니다. '사람은 겉모습이 9할'이라는 말이 있습니다. 처음 만났을 때의 인상은 거의 '겉모습'으로 정해져요. 내면의 본모습을 이해해 줄지는 그 후의 일인데, 처음 겉모습에서 느낀 '안 좋은 인상'을 뒤집는 것은 쉽지 않습니다. 어떤 사람을 만날 때, 마이너스로 시작하느냐 플러스로 시작하느냐는 의외로 차이가 크답니다.

선생님
덕분에
합격했어요!
그동안
감사했습니다!
꾸벅
오냐.

다른
선생님께도
인사드려야지.

짝짝짝
축하한다!
꾸벅
선생님,
정말
감사합니다!
짝짝짝

두 번
인사!
꾸벅
정말정말
감사합니다!

19 고개를 숙일 세 가지

군자유삼외 외천명 외대인 외성인지언 소인부지천명이불외야 압대인 모성인지언
君子有三畏 畏天命 畏大人 畏聖人之言 小人不知天命而不畏也 狎大人 侮聖人之言
군자에게는 세 가지 두려움이 있다. 천명을 두려워하고 대인을 두려워하고 성인의 말을 두려워한다. 소인은 천명을 모르니 이를 두려워하지 않고 대인을 함부로 대하며 성인의 말씀을 무시한다.
계씨 제16

스포츠나 예술계에는 영재가 많습니다. 빠르게 성장해 어린 나이에 일류가 되는 건 당연히 기쁜 일이지만, 너무 이른 성장에는 많은 부작용이 따릅니다. 일단, 너무 일찍 성장하면 미디어를 포함한 주변 어른들이 좋은 말만 해 줍니다. 그 결과 너무 자만해서 자기 능력을 맹신하며 노력을 게을리하기 쉽습니다. 겸손한 자세로 많이 배워야 하는 시기에 '나는 대단해. 나는 뭐든 할 수 있어'라고 믿고 아무런 노력도 하지 않으면 성장하는 데 큰 방해가 됩니다.

약간의 성장을 이루었을 때 '나는 아직 한참 부족해'라고 생각하고 더 높은 곳을 바라보는지, 아니면 '나는 대단하니까'라며 자만심에 빠지는지에 따라 이후의 결과가 크게 달라집니다. 공자는 "고개를 숙일 세 가지를 지녀라"라고 말하며 늘 스스로 행동을 되돌아보라고 했습니다. "군자가 두려워하고 존경해야 할 것이 세 가지 있다. 천명을 두려워하고, 인격이 뛰어난 선배를 존경하고, 성인의 말을 경외하라. 소인은 천명을 모르기에 두려워하지 않고, 뛰어난 선배를 존경하지 않고 성인의 말을 무시한다." 조금만 성공해도 '나는 대단해'라며 교만해지는 사람은 더 큰 성공을 거두지 못합니다. 마음속에 다른 사람에 대한 존경심을 품고 늘 겸손하게 질문을 던져야 큰일을 할 수 있습니다.

드디어 입시에서 해방되었군.
3월부터는 대학생이에요….

이미 알고 있겠지만….

입시를 위해서 했던 공부는 세상살이의 아주 일부일 뿐이다.
또 너보다 많이 배운 선배는 아주 많아.

그걸 잊지 말고 겸손해야 한다.
네!

20 부끄러움의 가치

방유도곡 방무도곡, 치야
邦有道穀 邦無道穀, 恥也
나라에 도가 있으면 녹을 받아라. 나라에 도가 없는데 녹을 받는 것은 수치다. 헌문 제14

공자의 손자이자 제자인 자사가 수치가 무엇이냐고 묻자, 공자는 이렇게 대답했습니다. "국가에 도(도의)가 있으면 사관이 되어 봉급을 받는 것도 좋다. 그러나 국가에 도가 없고 도의심이 없는 정치로 혼란스러운데 봉급을 받는 것은 수치다." 또 이런 말도 했습니다. "천하가 평온하고 도가 올바르게 행해질 때는 사관이 되어 도를 위해 활동하고, 천하에 도가 없을 때는 세상에서 물러난다. 나라에 올바른 도가 있고 평온할 때, 일하지 않고 낮은 지위에 있는 것은 수치다. 나라에 도가 없고 혼란스러운데, 돈이 많고 높은 지위에 있는 것도 수치다." 태백 제8

공자는 해야 할 일이 있을 때는 산속에 숨어 살지 않고 세상에 나가서 돈을 버는 것을 적극적으로 권장했습니다. 하지만 해야 할 때 행동하지 않고 해야 하지 않을 때 출세나 돈을 목적으로 행동하는 것은 옳지 않다고 봤죠. 이 두 가지는 '수치심'이라는 감정이 있느냐 없느냐로 구별됩니다. 어떻게 행동할지 고민될 때는 그 행동이 수치스러운지 아니면 자랑스러운지를 중점적으로 생각하는 것도 좋은 방법입니다.

대학 생활을
시작했다.
내일까지 레포트
제출해야 해.
헉!
나 안 했다!
같은 고등학교
출신인 하나

미안한데
좀 베껴도
될까?
헤헤
엥

!
저건
수치를
모르는 자의
삶이란다….
공자
선생님?!
왜 여기
계세요?
?

어떻게
지내는지
보러 왔지.
아직
『논어』 강의는
끝나지
않았으니
종종 오마.

인능홍도 비도홍인야
人能弘道 非道弘人也
사람이 도를 널리 퍼뜨리지 도가 사람을 널리 퍼뜨리는 것이 아니다. 위영공 제15

종종 우리는 '학교나 단체의 결점을 고치려면 어떻게 해야 할까?'라는 생각에 잠기죠. 그러나 학교나 단체는 셀 수 없이 많은 사람이 연관되어 있기 때문에 한번에 고치는 일은 쉽지 않습니다. 공자는 도덕을 널리 퍼뜨리면 세상이 좋아진다고 믿었지만 '도덕만 있으면 그만이야'라고 단순하게 생각하지 않았어요. 대신 우리의 노력이 중요하다고 말했습니다. "사람이 도를 널리 퍼뜨리는 것이지 도가 사람을 널리 퍼뜨리는 것이 아니다."

도덕을 실현하는 존재는 어디까지나 인간입니다. 추상적인 무언가가 인간을 성장시키는 것이 아닙니다. 도덕 교육에 힘쓰고 법률을 엄격하게 제정해도 잠깐은 변하겠지만 곧바로 반작용이나 나쁜 여파가 생깁니다. 우리 한 사람 한 사람이 자기 행동의 옳고 그름을 의식해야 합니다. 제도가 아니라 인간이 세상을 바꾸는 것이죠. 혹시 학교나 어느 단체의 규칙을 보고 '뭔가 이상한데?' 하고 불합리함을 느낀 적이 있나요? 그럴 때 '뭐, 알 게 뭐야' 하고 넘기거나 '바꾸는 건 귀찮으니까 그냥 두자' 하고 덮어 버리는 태도는 좋지 않아요. 괴롭고 힘들다면 참지 말고 더 좋은 방법이 없을지 생각합니다. 방법이 떠올랐다면 할 수 있는 일부터 바로 실행하는 거예요. 좋은 방향으로 바꾸려는 의지, 조금씩이라도 바꾸는 힘이 언젠가 이 세상을 바꾸는 힘이 됩니다.

어디까지나
사람이 지나다니기에
길도 넓어지는 거다.
길보다 인간이 중요해.
대학교
안에도
다양한 길이
있지만

22

신념이 생겼다면, 그대로 직진!

내성불구 부하우하구
內省不疚 夫何憂何懼
내 마음을 돌아보고 반성하면 무엇이 근심스럽고 무엇이 두려운가. 안연 제12

여러 사람의 반대에 부딪혀 고립되었을 때, 굴하지 않고 밀고 나가려면 굳은 신념이 필요합니다. 공자는 제자 사마우와 문답을 나누며 신념이 얼마나 중요한 것인지에 대해 이렇게 말했습니다. "군자란 자기 마음을 돌아보고 조금이라도 거리낌이 없으면 아무것도 근심스럽지 않고 두려워하지 않는다." 공자의 후계자로 여겨지는 맹자도 "스스로 돌아보아 잘못이 없다면 천만 명이 가로막아도 나는 내 길을 가리라"라는 말을 남겼습니다. '자기 마음을 돌아보고 정당하다고 확신한다면, 설령 반대하는 사람이 천만 명이라도 나는 과감하게 나아가겠다'라는 의미입니다.

무엇을 할 때마다 '이게 정말 옳을까? 이게 정말 선일까?'를 철저하게 묻고 답하는 것이 중요합니다. 이때 "그렇다!"라고 답할 수 있는 신념을 지녔다면 두려워하지 않고 자신이 믿는 길을 갈 수 있습니다. 아이폰을 세상에 선보이며 패러다임 전환을 일으킨 스티브 잡스는 젊어서부터 '폭군'이라고 불렸고 그가 내는 의견에 반대하는 사람도 많았습니다. 그럼에도 자기가 옳다고 믿은 생각을 절대 바꾸지 않았죠. '주변이 찬성하든 반대하든 내가 믿는 길을 간다.' 그런 삶의 태도가 세계를 바꿀 정도로 뛰어난 물건을 만들어 냈습니다.

우리가
신청하려는 강의,
교수님이 되게
엄격하대.
선배들이
학점 잘 주는 교수님의
강의를 들으라던데….

'떳떳하지
못한 점이 없는지
확인해야지'라고
말씀하실 것 같아….
공자 선생님이라면
'평소에 자기 말과 행동을 돌아보는
습관'을 들여야 한다고 하시겠지.
앗

그러네.
그래도 우리가
해야 할 일을
하면
괜찮을 거야.

성장했구나….
속닥
속닥
종알
종알
으흠
으흠

23 내 목숨을 걸고 지킬 만한 것

지사인인 무구생이해인 유살신이성인
志士仁人 無求生以害仁 有殺身以成仁
지사와 인인은 제 삶을 추구하느라 인을 해치는 일이 없고, 자신을 죽여서라도 인을 이루어 낸다.
위영공 제15

공자는 여러 나라를 방랑하는 동안 죽을 고비를 몇 번이나 겪었습니다. 그때도 공자의 명성은 널리 알려진 후였죠. 그렇게 유명한 인물이 왜 그런 일을 겪었을까요? 공자는 정치권에 영입될 뻔한 적이 몇 번 있었으나 매번 군주의 측근이 반대하고 나서서 좌절을 겪었습니다. 공자는 군주가 원하는 인재였지만 정권의 중심에서 단꿀을 빨아먹던 측근에게는 눈엣가시 같은 존재였죠. 어느 날, 공자는 송나라에 있을 때 환퇴라는 대신에게 살해당할 뻔합니다. 제자들이 "도망치세요!"라고 했으나 공자는 이렇게 대답했습니다. "하늘은 내게 덕을 내려 주셨다. 환퇴는 나를 죽이려 하지만 환퇴 같은 자가 나를 해치려 해도 천명을 받은 내 몸을 감히 어찌하겠느냐." 술이 제7 공자의 각오를 보여 주는 말입니다. 이다음 말에서는 각오가 더욱 절절하게 느껴집니다. "뜻이 있는 자나 인이 있는 자는 제 목숨을 아끼느라 사람의 길인 인을 해치지 않는다. 오히려 제 몸을 해쳐서라도 인을 이루어 내려 한다."

공자 역시 목숨은 소중했겠죠. 그렇지만 살고 싶은 마음에 천명을 잊고 인덕을 버리는 것은 어리석다고 생각했습니다. 공자는 목숨보다 큰 각오를 굳건히 다진 덕분에 위대한 사상가이자 학자가 되었습니다.

점심시간
늙은이의 시시한 얘기지만 나도 예전에는 몇 번인가 죽을 뻔한 적이 있단다.

그런 상황이 닥치면 살고 싶은 마음에 동료를 배신하는 자도 있지.

곰곰이 생각해 보아라.
즉, 자신과 인덕 중에 무엇을 우선시해야 하는지를 말하는 거란다….
으음

내 수업도 슬슬 끝날 때가 왔구나….
엇?!

24

올바름에서 멀어지지 않기

지자불혹 인자불우 용자불구
知者不惑 仁者不憂 勇者不懼
지자는 혹하지 않고 인자는 근심하지 않고 용자는 두려워하지 않는다. 자한 제9

공자는 '지·인·용'이라는 세 가지 덕을 중시했습니다. '지'란 판단력, 인격을 형성하는 지혜를 의미합니다. '인'은 관용, 타인에 대한 따뜻한 사랑, 연민 등 인간의 영혼이 갖춘 최고의 덕입니다. '용'은 옳은 일을 하기 위해 떨치는 용기입니다. "지자는 망설이는 일이 없고 인격이 뛰어난 인자는 근심하는 일이 없고 용자는 두려워하는 일이 없다." 공자는 또한 이렇게도 말했습니다. "군자의 도는 세 가지가 있으나 나는 아직 다 갖추지 못했다. 그 세 가지란, 인자는 근심하지 않고 지자는 혹하지 않고 용자는 두려워하지 않는 것이다." 이 말을 들은 제자 자공은 "선생님께서는 겸손하십니다. 이미 다 갖추셨습니다."헌문 제14라고 공자를 칭송했습니다.

우리는 역경에 처하면 자기도 모르게 신념을 굽힙니다. 이유는 살아남기 위해서, 이기기 위해서 등 다양하겠지만 그런 타협을 반복하면 지·인·용에서 서서히 멀어집니다. 무슨 일이 있어도 올바름을 실현시키며 사는 것이 공자가 추구한 이상입니다. 참 어려운 길이죠. 하지만 아무리 어려워도 지·인·용에 최대한 가까워지려고 하기에 군자(행실이 점잖고 어질며 학식이 높은 사람)가 군자라고 불리는 것입니다.

앞으로는
때때로
내 말을
떠올리면 된다.
이제
네게 더는
가르칠 게
없구나.

망설여질 때는
아직 지혜가
부족하다는 것이다.

우울
근심할 때는
인덕이
부족한
것이다.

그동안
감사했습니다!
용기를 가져라.
**두려워하지
말고 앞으로
가는 거다!**
그럼 잘 지내거라

공자의 '태도' 이야기

3장

좋은 어른이 되기 위한 실패

25

결과에 집착하지 않기

부여귀 시인지소욕야 불이기도득지 불처야 빈여천 시인지오소야 불이기도득지 불거야
富與貴 是人之所欲也 不以其道得之 不處也 貧與賤 是人之所惡也 不以其道得之 不去也
부와 귀함은 사람들이 원하지만 도를 통해 얻은 것이 아니면 연연하며 머물지 않는다. 빈곤과 천박함은 사람들이 싫어하지만 도를 통해 얻은 것이 아니라면 연연하며 떠나지 않는다. 이인 제4

공자는 도, 인, 의, 예를 중요시하는 도덕적인 삶을 가르쳤으나 결코 세상을 등진 삶을 권하지 않았습니다. 제자에게는 관직을 얻으라고 권했고, 지위나 돈을 갈망하는 것을 부정하지 않았죠. 먹고 살려면 돈이 필요하고, 일해서 돈을 벌려면 지위를 얻을 필요가 있다는 것에 이의를 제기하는 사람은 없겠지요?

다만 공자는 지위나 돈을 올바른 방법으로 손에 넣어야 의미가 있다고 생각했습니다. "사람들은 누구나 부유함이나 높은 신분을 원한다. 그러나 정당한 방법으로 얻은 것이 아니라면 거기에 매달려서는 안 된다. 빈곤함이나 천한 신분을 좋아하는 사람은 없다. 그러나 자신이 게으르게 굴거나 가난하고 천해지는 길을 걸어 그렇게 된 것이 아니라 불가피한 이유로 가난하고 천해졌다면 그걸 받아들인다."

올바르게 살고 열심히 노력한 결과로 얻은 돈과 지위는 분명히 가치가 있습니다. 게으름을 부린 결과로 빈곤하거나 지위가 낮으면 부끄러운 일이지만, 이상이나 신념을 지킨 결과가 그렇다면 당당히 가슴을 펴도 좋습니다. "형편없는 식사를 하고 물을 마시고 팔을 베개 삼아 잔다. 이런 생활에도 즐거움은 있다. 자랑스럽지 않은 일로 부자가 되고 신분이 높아지는 것은 내게 뜬구름처럼 허무한 일이다."술이 제7 올바르게 살았다면 결과에 집착하지 않았고 현실을 받아들이며 살았던 사람이 바로 공자입니다.

어느덧 취업을 할 때가 왔다.
급여는 A사가 좋은데 하는 일은 B사가 좋단 말이지.
세상에 나서면 어린 시절보다 훨씬 더 돈과 지위가 신경 쓰일 것이야.
그러나 부는 올바른 방법으로 얻지 않으면 금방 떠난단다.
올바르지 않은 사람에게는 올바르지 않은 사람이 접근하니까.
무슨 일이 있어도 사람의 길에서 벗어나 추악해지면 안 된다.
좋아. B사에 들어가서 열심히 해 보자!

26 끝없이 욕심 부리게 하는 것

군자식무구포 거무구안 민어사이신어언 취유도이정언
君子食無求飽 居無求安 敏於事而愼於言 就有道而正焉
군자는 식사할 때 배부르기를 바라지 않고 거주에 편하기를 바라지 않는다. 일할 때는 민첩하고 말할 때는 신중하며 도덕 있는 자를 찾아가 잘못을 바로잡는다. 학이 제1

세상을 등진 은둔자와는 선을 그으며 돈벌이나 지위가 목적인 삶은 단호히 거부하는 것이 『논어』의 자세입니다. 공자는 이렇게 말했습니다. "군자는 식사에 탐욕을 부리지 않고 사는 곳에 집착하지 않는다. 맡은 일을 빠르게 해내고 괜한 소리를 하지 않는다. 또한 도리를 아는 사람에게 배워 자신을 바로잡는다." 또 이런 말도 했습니다. "사치를 부리면 거만해지고 지나치게 절약하면 고귀해지지 못한다. 양쪽 다 중용이라 할 수 없으나, 거만해서 예의에 어긋나는 것보다는 고귀하지 못한 게 낫다." 술이 제7

인간의 욕심은 끝이 없죠. 성공해서 많은 돈과 지위를 얻을수록 초심을 잊고 욕심만 늘어나는 건 예나 지금이나 똑같습니다. 하지만 구글 설립자 래리 페이지는 이렇게 말했습니다. "이 회사를 시작한 이유는 당시 검색 기술에 만족하지 못했기 때문이다. 우리가 경제적으로 성공을 거뒀다면, 그 성공은 본래 목표에서 벗어난 곳에서 만들어진 훌륭한 부산물일 뿐이다." 페이지는 대학원생 시절, 친구인 세르게이 브린과 회사를 차려 세계에서 손꼽히는 자산가가 되었습니다. 그런 사람도 돈이 삶의 목표는 아니었다고 말한 것입니다. 삶의 이유를 돈이 아니라 호기심, 진정한 행복에 둘 때 오히려 성공 가능성은 높아집니다.

모쪼록 잘 부탁드립니다!
회사에 들어가 일을 시작했다.
잘부탁해~

10분 후에 갈 거예요~
네!
빨리 일에 익숙해져야 해.
우물우물

이 그래프를….
우선 선배들의 모습을 보고 배워야지.

돈 쓸 시간도 없어.
순식간에 잘 시간이 되었네….

27 목표가 '돈'이 되어서는 안 된다

사군 경기사이후기식
事君 敬其事而後其食
군주를 섬길 때는 일을 신중하게 처리하고 녹은 나중으로 미룬다. 위영공 제15

공자는 제자들에게 세상으로 나가라며 일자리를 주선해 주기도 했으나 절대로 보수나 지위를 목적으로 두지 말라며 이렇게 말했습니다. "주군 밑에서 일할 때는 다른 무엇보다 성심성의껏 일을 해내는 것이 중요하고, 보수와 대우는 나중에 생각해야 한다."

먼저 주어진 일에 파고들어 성과를 내는 것이 중요합니다. 돈은 그 후에 따라오는 거예요. 어떻게 해야 보수를 받을 수 있을지 궁금해하는 제자 자장에게 공자는 이렇게 말했습니다. "많은 것을 듣고 참고로 삼되 조금이라도 의심스러운 점이 있으면 말하지 말고, 확실한 점만 말하고자 하면 남에게 비난받는 일이 줄어든다. 많은 것을 보고 참고로 삼되 위험하다고 생각하는 일은 하지 말고, 위험하지 않은 확실한 일만 신중하게 하면 후회할 일이 줄어든다. 말에 실수가 적어지고 후회할 행동이 적어지면 인간적으로 성장하게 된다. '보수'는 바로 그 안에 있다."위정 제2 보수를 먼저 생각하기보다는 자신이 할 일을 열심히 하면 보수가 따른다는 뜻이에요.

두 분은
이 목록을 보고
전화로 영업을
해 주세요.
네.
전화라
….

안녕하십니까.
저는
B사의….
아,
하기 싫어.

요즘 세상에
누가 전화로
물건을 사요?
그냥 대충
해도 돼요.
그런가요….
귀찮아~

•••
하암~
저희의….

28 돈보다 위에 있는 것

부이가구야 수집편지사 오역위지 여불가구 종오소호
富而可求也 雖執鞭之士 吾亦爲之 如不可求 從吾所好

그 부가 구할 만한 것이라면 나는 채찍 잡는 일이라도 얼마든지 할 것이다. 구할 만한 것이 아니라면 내가 좋아하는 바를 따르겠다.

술이 제7

공자는 돈벌이에 관해 이런 말을 남겼습니다. "부는 본래 하늘에 달린 것이어서 구한다고 얻는 것이 아니다. 만약 사람의 힘으로 구할 수 있다면 왕이 출두할 때 물러서라고 외치는 하찮은 일이라도 얼마든지 하겠다. 그러나 사람의 힘으로 구할 수 있는 것이 아니라면 나는 내가 좋아하는 길을 가겠다." 반복해서 말하지만 공자는 돈벌이 자체를 부정하지 않았어요. 다만, 돈만 좇는 것은 옳지 않다고 본 것이죠.

제자 자공은 상업적인 능력이 뛰어나 재물을 모아 부자가 된 사람들의 이야기를 다룬 『화식열전』에 등장할 정도로 재산을 많이 일궈 공자를 도왔습니다. 공자는 자공의 재능에 감탄했습니다. 그러나 공자는 돈은 어디까지나 다른 일을 이루기 위한 수단이기 때문에 단순히 부자가 되기 위해 돈을 버는 것은 단호하게 부정했습니다. 이렇게 말하기도 했지요. "자기 이익만 생각하며 행동하면 원망을 들을 때가 많다."사인 제4

"돈을 목적으로 회사를 일궈 성공한 사람을 본 적이 없다." 스티브 잡스가 한 말입니다. 잡스 역시 '테크놀로지로 세계를 바꾸겠다'라는 꿈을 좇은 끝에 성공한 사람이지요. 뭔가 하려면 돈이 필요하고 위대한 일을 이루려면 돈이 필요한 것도 사실입니다. 하지만 이때 돈은 어디까지나 수단이지 목적이 아니다라고 마음에 굳게 새기는 것이 중요합니다.

부유층에게 높은 과세를!
투표
부유층···. 나도 자산가가 되고 싶다.
될 수 있을까···

으음···
하지만 지금 연봉으로는 영원히 못 되겠지···.

우선 지금 하는 일을 잘하는 것부터 시작해 보는 거야!

다녀오겠습니다!
열심히 하는군···.

29

인지생야직 망지생야행이면
人之生也直 罔之生也幸而免
사람이 사는 힘은 곧 정직이다. 그것 없이 살면 요행히 죽음을 면한 것이다. 옹야 제6

세상에는 수단과 방법을 가리지 않고 못된 지혜로 큰돈을 버는 사람이 있습니다. 그걸 보고 "나도 어디 해 볼까?" 하고 부정한 짓을 저지르는 사람도 있죠. 하지만 그렇게 얻은 부귀영화가 오래 지속될 리 없습니다. 공자는 이렇게 단언했습니다. "사람이 살아가려면 사람으로서 좋은 본성을 굽히지 않는 강직함이 중요하다. 올바름 없이 살아가는 것은 운 좋게 살아남는 것일 뿐이다."

'투자의 신'이라고 불린 고레카와 긴조는 2차 세계대전 직전 중국에 회사를 설립해 군대에 물건을 대는 상인으로 큰돈을 벌었습니다. 그 과정에서 간부들에게 뇌물을 먹이거나 접대도 했지요. 그러던 어느 날, 누군가에게 "절대 그릇된 길을 가지 말고 정직하게 머리를 써라"라는 조언을 들었습니다. 이 말은 긴조 인생의 전환점이 되었습니다. 그는 "남의 원망을 듣는 장사는 하지 않겠다"라고 맹세하고, '주식 투자라면 불특정 다수를 상대하는 데다가 실패해도 내 책임이지. 아무리 돈을 벌어도 원망을 들을 일이 없어'라고 생각해 투자를 생업으로 삼았고 성공해 부호가 되었습니다.

그릇된 방법으로 돈을 벌면 위험이 따라옵니다. 남의 원망을 듣고, 돈에 눈이 먼 사람이 주변에 모이죠. 이런 방식으로 잠깐은 큰돈을 벌 수 있을지 몰라도 오래 지속하기는 힘들어요. 돈벌이에도 인생에도 그럴싸한 묘수는 없습니다.

요즘
열심히
하던데요?
수고 많았어요.
올해
인사 평가는….
네…
영업 기술은
아직 부족해도
맡은 바를
잘 해내려는
자세가
훌륭합니다!
아주 좋아요!
휴우

30

실패했을 때 가장 먼저 해야 할 일

과이불개시위과의
過而不改是謂過矣
잘못하고도 고치지 않는 것을 곧 잘못이라고 한다. 위영공 제15

인생을 살다 보면 실패하는 순간이 옵니다. 그렇기 때문에 실패에 어떻게 대처하는지에 따라 우리 인생은 크게 바뀝니다. 공자는 "실패하면 곧바로 고쳐라"라고 말했습니다. "잘못을 즉시 고치는 것을 꺼리지 말라"학이 제1는 말은 많이 알려져 있습니다. 잘못을 했다면 꾸물거리지 말고 얼른 고치라는 뜻이지요. 또한 이렇게 타일렀습니다. "잘못하고도 고치지 않는 것이 진정한 잘못이다."

실패하지 않으려고 노력하는 것도 중요하지만, 사람은 살다 보면 반드시 실패하는 순간이 옵니다. 새로운 일에 도전하면 할수록 실패도 많아지죠. 그럴 때 변명하거나 남에게 책임을 돌리면 안 됩니다. 먼저 "제가 잘못했습니다. 죄송합니다"라고 사과하고 그 일에 대한 구체적인 대책을 세운 뒤, 앞으로 실패하지 않기 위해 뭘 어떻게 고치면 좋을지를 생각하는 것이 중요합니다. 그러면 실패를 성장의 발판으로 삼을 수 있습니다. 어떤 경영자는 신입사원에게 실수하면 "실수했습니다!"라고 크게 외치라고 조언했습니다. 혼나지 않으려고, 욕먹지 않으려고 실패를 감추면 결국 자기 자신에게 좋지 않기 때문이에요. 물론 혼이 나거나 싫은 소리를 듣게 될 수 있지만 그것은 잠시일 뿐, 어느새 다 같이 만회할 방법을 생각하고 지원해 줄 겁니다. 그것이 곧 성공으로 가는 출발점입니다.

네, 감사합니다.
그럼 내일 오후 3시에 찾아뵙겠습니다. 잘 부탁드립니다.

C사 미팅, 내일 3시니까 잘 부탁해요.
헉!
!?

두둥!
어떡해! 일정이 겹쳤어!

죄송합니다…!
…
…
네?! 일정이 겹쳤다고요?

31 서두르지 말고 나만의 속도 유지하기

무욕속 무견소리 욕속 즉부달 견소리 즉대사불성
無欲速 無見小利 欲速 則不達 見小利 則大事不成
속히 이루고자 하지 말고 작은 이익을 보지 말아라. 속히 이루고자 하면 달성하지 못한다. 작은 이익을 보면 큰일을 이루지 못한다.
자로 제13

일을 빨리빨리 하려고만 하는 태도는 목표를 달성하는 데 집착하는 사람이 빠지기 쉬운 함정입니다. 특히 이상이 높거나 지금 자신이 마음에 안 들어서 나아지려는 의욕에 불타는 사람이 이러기 쉽죠. 빨리 원하는 성과를 내고 싶어서 안달복달하다가, 지금 자신을 만든 과거를 부정하며 예전에 한 선택은 다 틀렸다고 생각하기도 합니다. 과거의 게으름이나 실수가 현재 만족스럽지 못한 어려운 상황을 불러온 것은 맞습니다. 그러나 상황을 변화시키려고 노력한 과거가 있기에 지금까지 어떻게든 버텨 왔다고 할 수도 있습니다. 이러한 자신의 과거를 전부 부정하면 너무 아쉽지 않을까요?

노나라의 마을 관리가 된 제자 자하가 정치의 도를 질문하자, 공자는 이렇게 대답했습니다. "서둘러 성과를 내려고 생각하지 말아라. 눈앞의 작은 이익을 보지 말아라. 서두르면 성과를 내지 못하고 작은 이익에 정신이 팔리면 큰일을 이루지 못한다." 서두를수록 실수할 가능성도 높아집니다. 주변에서 "빨리빨리 해" "좀 더 대담하게 해야지"라고 자꾸 참견할 테지만, 그 말에 휩쓸리지 않고 나만의 속도를 유지하는 게 중요합니다.

우울
하아… 진짜 한심해….

초조해하지 마라!
멀리 보고 오늘 한 실수를 반복하지 않도록 노력하면 돼.

공자 선생님…!
맞아…. 같은 실수를 저지르지 않는 나만의 시스템을 갖추면 돼.

32

내 실패는 내가 책임진다!

군자구저기 소인구저인
君子求諸己 小人求諸人
군자는 스스로에게서 잘못을 찾고 소인은 남에게서 잘못을 찾는다. 위영공 제15

『논어』에는 군자와 소인을 대비하는 구절이 자주 등장합니다. 예를 들어 높은 자리에 올랐거나 경제적으로 부유하더라도 마음이 너그럽지 못하고 생각이 깊지 않아 품성이 부족한 인물이 소인입니다. 반대로 지금은 별 볼 일 없고 가난하더라도 학식과 인격이 뛰어나고 덕이 높은 인물이 군자입니다. 공자는 어떤 식으로 반성하면 좋은지에 관해서도 이 둘을 비교하여 설명했습니다. "군자는 일의 책임과 원인을 자기 자신에게서 찾지만 소인은 남에게서 찾아 책임을 떠넘긴다."

실패의 원인이나 책임을 자기 자신에게서 찾는 건 누구나 싫습니다. 자기도 모르게 "운이 안 따랐어" "상대가 너무 강했어" "내 주변에 멍청이들만 있어서 그래"라며 다른 곳에 책임을 묻고 싶어지는데, 그러면 일시적으로는 편할지 몰라도 절대 성장할 수 없습니다. 실패했을 때는 물론이고 성공했을 때도 '좀 더 좋은 방법은 없었을까?' '도와준 친구에게 고맙다고 말했나?'라고 성찰하는 시간을 가지면, 하루하루를 성공의 밑거름으로 삼을 수 있습니다.

오로지 자기 능력으로 성공했다고 생각하면 사람은 허세를 부리고 싶은 마음이 생기거나 자만하게 됩니다. 그럴 때는 운이 좋아서 성공했다고 겸손하게 생각하는 편이 훨씬 좋습니다. 마찬가지로 실패했을 때 '나는 잘못한 거 없어'라고 생각하면 실패에서 교훈을 얻지 못해요. '왜 잘 안 풀렸지?' '다음에는 어떻게 하면 좋을까?'를 생각해야만 사람은 꾸준히 성장합니다.

그런데
왜 그런 실수를
했을까?

그때 당황해서
모리에게
일정을 확인해
달라고 했지.
8일
이요?
8일에
뭐
있었나?
없어~
그래서인가…

다른 사람을
탓하면
또 같은
실수를
하게 돼.
도리
도리
아니, 아니,
아니지!
모리 잘못이
아니야!

진정하자….
앞으로는
내가 일정을
확인한 뒤에
답변하면 돼.

세한연후지송백지후조
歲寒然後知松柏之後凋
날이 추워진 후에 소나무와 측백나무가 늦게 시드는 것을 알 수 있다. 자한 제9

인생에 실패하는 순간이 있듯이 힘들고 불운한 시기가 오는 것도 피할 수 없습니다. 우리 삶에는 항상 좋은 일만 있는 건 아니거든요. 좋은 때도 있고 힘든 일을 겪는 때도 있지요. 힘든 일을 겪을 때야말로 사람은 많은 것을 배울 수 있습니다. 공자는 이렇게 말했습니다. "혹독한 추위가 찾아온 후에야 소나무와 측백나무 같은 상록수가 늦게 시드는 것을 알 수 있다."

공자 역시 오랜 세월 고난을 겪었습니다. 고국에서 정치가가 되려는 뜻을 이루지 못했고 위나라, 진나라, 송나라를 돌아다니는 방랑 생활을 14년이나 했습니다. 허기와 갈증, 생사가 걸린 위험도 수없이 겪었습니다. 그래도 굴하지 않고 끊임없이 배우고 제자를 가르친 결과 그의 가르침이 오늘날 우리에게까지 전해졌죠. 좋은 일과 나쁜 일은 동전의 앞뒤처럼 늘 함께합니다.

성공했다고 교만하게 굴다가 비참한 마지막을 맞은 사람은 성공했던 과거를 두고 '그게 문제였어'라고 후회할지도 모릅니다. 반대로 고통을 이겨 내고 성공을 거둔 사람은 괴로웠던 과거를 두고 '그건 행운이었어'라고 자랑스럽게 여길 수도 있어요. 힘들어도 자기 자신을 비난하거나 자포자기하지 않는 것이 중요합니다. 어떤 상황에서도 포기하지 않고 자기가 할 일을 꾸준히 하는 사람이 결국에는 성공합니다.

하지만
그 후로
고난의
연속….
이게
뭐야?
너!
하…
일은
힘들다….
…!

이런!
위험해!
헉

어둠
어둠에
빠질
뻔했잖아.

이런
때야말로
내 능력을
발휘할 때!
내가
할 일을
하면 돼!

군자고궁 소인궁사람의
君子固窮 小人窮斯濫矣
군자는 곤경에 처해도 의연하나 소인은 곤경에 처하면 외람스러워진다. 위영공 제15

14년간 방랑하는 동안 공자는 몇 번이나 심각한 위기를 맞았어요. 예순네 살에 제자들과 함께 진나라에 들어갔을 때는 오해를 사는 바람에 군대에 포위되고 먹을 것까지 빼앗겨 걷지도 못할 정도로 지쳤습니다. 화가 난 자로가 "군자도 곤경에 처할 때가 있습니까?" 라고 묻자, 공자는 이렇게 대답했습니다. "군자도 물론 곤경에 처할 때가 있다. 소인은 곤경에 처하면 마음이 흐트러져서 되는 대로 행동하지만 군자는 흐트러지지 않는다."

자로는 군자가 곤경에 처하는 것은 부당하며 군자라면 당연히 곤경을 피할 수 있어야 한다고 생각했나 봅니다. 그러나 현실은 그렇지 않죠. 아무리 훌륭한 사람이라도 곤란해질 때가 있습니다. 그러니 고난을 겪을 때 어떻게 행동하는가, 이것이 중요합니다. 허둥거리며 자기 뜻을 굽히거나 살아남으려고 부정한 수단을 쓰면, 그때까지 쌓은 노력과 결실을 잃을지도 모릅니다. 공자는 군자란 고난을 겪어도 차분할 수 있기에 군자라고 생각했습니다. 아무 일 없을 때는 누구나 멋진 말을 늘어놓고 자신만만하게 행동합니다. 진정한 능력은 위기에 처했을 때 나타납니다. 사람들은 그때 묵묵히 자신의 길을 걷는 사람을 좇아갑니다.

수고했어.
나는 거래처에 들렀다가 바로 퇴근할게.
삑
응~ 수고했어! 어? 출퇴근 카드 찍었네?

엥, 아깝다. 야근수당 안 나오면 월급이 너무 적잖아.
어… 응….
잠깐 얼굴만 비치고 집에 갈 거니까….

• • •

나 먼저 갈게!
휘익

35 불행은 나를 성장하게 만든다

불원천 불우인 하학이상달 지아자 기천호
不怨天 不尤人 下學而上達 知我者 其天乎
하늘을 원망하지 않고 사람을 탓하지 않는다. 아래로 배우고 위로 통하니 하늘이 나를 알아주신다.
헌문 제14

'하학상달(下學上達)'이란, 쉬운 지식부터 배우기 시작해 차곡차곡 노력하다 보면 고도의 어려운 이치를 깨닫는다는 의미입니다. 부친을 일찍 여읜 공자는 고생하며 열심히 공부했습니다. 게다가 고국에서 쫓겨나 50대부터 60대까지 여러 나라를 방랑해야 했죠. 그런 역경을 겪으니 아무리 공자라도 "나를 진실로 알아주는 자는 이 세상에 없구나"라고 한탄할 때가 있었습니다. 그 말을 들은 자공이 "선생님 같은 분을 알아주는 자가 없는 것은 어째서일까요?" 하고 묻자, 공자는 이렇게 대답했습니다. "지금까지 불운해도 하늘을 원망하지 않고 사람을 탓하지 않으며 가까운 것을 배워 숭고한 도덕에 도달했다. 나를 알아주는 자는 하늘뿐이다."

언제 어느 때나 배에 돛단 듯이 나아가는 것처럼 모든 일이 잘되는 사람은 없습니다. 노력해도 보상받지 못할 때도 있고, 종종 아프고 고통스러운 상황이 이어지기도 하지요. 그런 시기를 도움이 안 된다고만 생각하면 포기하고 싶어집니다. 그러나 그걸 기회로 삼아 밑바탕을 쌓으며 수련하는 시기라고 긍정적으로 바라보면 만회할 기회가 생깁니다. 공자는 모든 상황을 긍정적으로 보려고 노력했습니다.

지금
생각해 보면
학창 시절이
참 편했어….
나처럼
고생한 사람은
그리
많지 않지….
그걸
알아주는
사람은
없었단다.
일을 시작하고
고난을 겪게 되면
내게 한 걸음
접근했다고
생각하거라.
선생님에
비하면
아직 한참
멀었어….
더 공부하자.

36

불평하기 전에 뒤를 돌아보자

불환무위 환소이립 불환막기지 구위가지야
不患無位 患所以立 不患莫己知 求爲可知也
자리 없음을 걱정하지 않고 어떻게 설지를 걱정했다. 알아주는 사람 없음을 걱정하지 않고 나를 알릴 일을 하고자 했다. 사인 제4

남들에게 인정받지 못하고 원하는 걸 얻지 못하면 괴롭습니다. 무심코 불평을 늘어놓고 싶어지죠. 공자는 그 전에 할 일이 있다며 이렇게 타일렀습니다. "사회적 지위가 없다고 한탄하기보다 그런 지위에 서기 위해 필요한 것이 내게 부족하지 않은지 반성해야 한다. 나를 인정해 주는 사람이 없다고 한탄하기보다 인정받을 만한 일을 하려고 노력해야 한다." 이런 말도 했어요. "남이 내 능력을 알아주지 않는다고 불만하기에 앞서 스스로 역량이 부족한 것을 걱정하라." 헌문 제14

나에 대한 평가는 다른 사람이 합니다. 다른 사람을 내 마음대로 바꿀 수 없지요. 결국 평가를 바꾸는 건 자기 자신입니다. 축구나 야구 같은 팀 스포츠에서는 종종 자길 써 주지 않는다고 감독이나 코치에게 분통을 터뜨리는 선수가 있습니다. '나를 미워하나 봐' '감독도 코치도 보는 눈이 없어' 이렇게 생각하면 선수 본인의 자존심은 지킬 수 있겠지요. 그러나 정말 시합에 나가고 싶다면 '감독이나 코치가 꼭 쓰고 싶은 선수가 되겠어'라는 긍정적인 마음가짐을 지녀야 합니다. 좋은 평가를 받으려고 부단히 노력하는 데 집중해야 합니다. 남을 비판하기 전에 자신에게 부족한 점이 없는지 바라봐야만 성장합니다.

D사와의 프로젝트,
우리 회사에
큰 도움이
될 겁니다!
열심히 해 보세요.
네
열심히 하겠습니다!

뭐야,
내가 아니네….
동기인 쟤만
뽑히다니….
욱

에잇!
다 같이
한잔 하러
갈까?

미안,
너네끼리 가!
오늘은
일을 좀 더
해야 해서
다음에 갈게!
엥!

공자의 '인간관계' 이야기

4장

좋은 어른이 되기 위한 인성

37 배려는 타이밍

시어군자유삼건 언미급지이언 위지조 언급지이불언 위지은 미견안색이언 위지고
侍於君子有三愆 言未及之而言 謂之躁 言及之而不言 謂之隱 未見顔色而言 謂之瞽

군자를 모시는 데 세 가지 잘못이 있으니, 말할 차례가 아닌데 말하는 것을 조급하다고 말하고 말할 차례인데 말하지 않는 것을 숨긴다고 말하고, 안색을 보지 않고 말하는 것을 눈치가 없다고 한다.

계씨 제16

공자는 유교의 시조이고 많은 제자를 거느린 교육자이지만, 원래는 정치가를 꿈꿨습니다. 20대에는 하급 관리로 일했고 50대에는 노나라 중부재라는 자리에 올라 국정 일을 맡았으며, 나아가 중신 위치까지 승진했습니다. 비록 삼환과 대립해 지위에서 물러났지만, 이런 풍부한 경험이 있는 만큼 『논어』에는 리더를 섬기는 마음가짐도 나옵니다. 예를 들어 언제 발언하면 좋을지에 관해서는 이렇게 말했습니다. "군자를 섬길 때 저지르기 쉬운 세 가지 잘못이 있다. 말할 때가 아닌데 말하는 것은 경박한 자다. 말해야 할 때인데 말하지 않는 것은 숨기는 게 있는 자다. 군자의 표정을 살펴 짐작하지 않고 발언하는 자는 앞뒤 분간 못 하는 자다."

여기에서 말하는 군자는 윗사람을 의미하는데, 이것은 친구를 사귈 때도 똑같이 적용할 수 있어요. 일일이 말하지 않아도 되는 걸 열심히 떠들어 대는 사람은 주변 사람들이 귀찮아합니다. 친구의 표정을 살펴 기분을 짐작하지 않고 무분별하게 말하면 앞뒤 분간을 못 한다는 증거입니다. 반대로 친구를 위해서라도 꼭 말해야 할 것이 있는데 미움받는 게 싫어서 머뭇거린다면 진정한 친구라고 할 수 없겠죠. 친한 사이여도 상대를 걱정하고 자신이 미움받는 것을 두려워하지 않는 배려가 필요합니다.

연차가 쌓이면서 후배도 여럿 생겼다.
신입사원인 기타야마입니다.
안녕하세요
잠깐!
귀사의 주가가 요즘 많이 내렸던데요?
뭐?

자유분방한 후배에게 휘둘리는 나날.
기타야마 씨, 부탁한 일 다 했어요?

아직입니다.
어? 왜죠? 시간이 충분히 있었을 텐데요?

그게…. 방법을 몰라서요.
안 가르쳐 줬잖아요.
쿠궁!!
물어봐야죠!

38 미움받을 용기

> 물기야 이범지
> 勿欺也 而犯之
> 속이지 말고 심기를 거스르더라도 간언하라. 헌문 제14

수많은 제자가 따르면서 공자는 학자, 교육자로서 명성이 점점 높아졌습니다. 그러자 공자에게 배우면 관리가 되기 쉽겠다고 생각하는 사람도 있었습니다. 공자는 여러 관리에게 제자들의 일자리를 알선했거든요. 그때 공자는 제자들에게 어떤 충고를 했을까요? 자로가 주군을 섬기는 마음가짐을 묻자, 공자는 아첨하는 신하가 되지 말라며 이렇게 말했습니다. "먼저 주군을 속여서는 안 된다. 또 충언할 때는 주군의 안색을 살피지 말고 용기를 내 충언해야 한다."

위에 선 사람을 돕고 싶다면 때로는 "아닙니다"라고 말할 용기가 필요합니다. 물론 "그건 어려워서 못 하겠는데요"라는 부정적인 거부가 아니라, 정의롭지 않은 상황일 경우에는 노여움을 사는 일이 있더라도 반대해야 한다는 것입니다. 공자 본인도 이런 자세 때문에 찬밥 신세가 된 적이 있습니다. 그러나 이상을 실현하기 위해서 윗사람이더라도 쓴소리를 할 수 있는 용기가 필요합니다. 공자는 제자들 또한 그런 올곧은 자세를 갖추길 바랐죠.

그만큼 품질은 낮아질 테지만
가격은 그대로 유지해!
고객이 품질을 가지고
이러쿵저러쿵하면
환경을 생각한
거라고 대충
둘러대는 거다!
↓사장
이익을
확보해야 하니
현지 공장의
인건비를 대폭
줄이겠다!

이익
중시!
역시
사장님!
좋아!
좋았어!
그거 좋네요!

그렇게 가시죠!
좋아요!
어…?
대체 뭐가
좋아…?

사장님!
고객 중시가
우리 회사의
기본 방침입니다.
신용을 잃을
수도 있어요!
!
벌떡

39

자리에 집착하지 않기

비부가여사군야여재 기미득지야 환득지 기득지 환실지 구환실지 무소부지의
鄙夫可與事君也與哉 其未得之也 患得之 旣得之 患失之 苟患失之 無所不至矣
비루한 자와 함께 군주를 섬길 수 있겠는가. 그는 얻지 못했을 때 얻으려 하고 이미 얻고 나서는 잃을까 걱정한다. 정말로 잃어버릴까 봐 걱정하면 못 하는 짓이 없게 될 것이다. 양화 제17

'지위에 연연한다'라는 말이 있습니다. 직함에 집착하고 절대 놓으려 하지 않는 것이죠. 예를 들어 좋지 않은 일이 생겨 책임을 져야 할 때, "성실하게 책임을 지겠다"라고 말하면서 자신의 지위를 잃지 않으려는 상황에서 쓰는 말인데, 그렇게 하면 조직 전체의 도덕성이 낮아집니다.

지위나 직무를 아무런 책임감 없이 홀라당 내던져도 문제지만, 집착이 강하면 문제가 더욱 커집니다. 공자는 이렇게 말했습니다. "하찮고 작은 인간과 함께 어떻게 주군을 섬길 수 있겠는가. 하찮은 인간은 지위를 얻지 못할 때는 출세에만 집착하고, 지위를 얻으면 그걸 잃을까 봐 걱정한다. 그런 인간은 지위를 잃지 않기 위해 무슨 짓을 할지 모른다."

공자는 젊은 시절에 하급 관리로 일한 경험을 토대로 이렇게 말했습니다. "내가 당연히 지켜야 할 예를 다해 군주를 섬기면 사람들은 아첨한다고 말한다."팔일 제3 공자는 조직 내부에서 벌어지는 물밑 싸움을 잘 알고 있었죠. 또 노나라의 국정을 맡았을 때, 삼환의 세력을 꺾으려다가 본인이 추방된 씁쓸한 경험도 했습니다. 하찮은 인물은 지위를 얻으면 타인의 발을 잡아채고 나쁜 짓도 한다는 말은 공자 본인의 경험에서 나온 것입니다. 지위에 자부심을 느끼고 싶다면, 오로지 맡은 바를 다하는 데 집중해야 합니다.

사장님의
의견 아닌가!
벌떡
자… 자네!
무슨 말을
하는 건가!

씩씩
나도 사장님의
생각에 찬성하네.
경솔하게
반론하지 마.

뭐라도 주장하고 싶은
심정은 이해하는데
우선 자네 영역인
영업에서 성과를 낸 후에
의견을 말해야지.

조용…
아….
어….

40 친구가 중요한 이유

공욕선기사 필선리기기 거시방야 사기대부지현자 우기사지인자
工欲善其事 必先利其器 居是邦也 事其大夫之賢者 友其士之仁者

기술자가 자기 일을 잘하길 원하면 반드시 제 연장을 갈아야 한다. 어느 나라에 가서 살려면 반드시 그 나라 대부 중 현자를 섬기고 그 나라 관리 중 인자와 친해져야 한다. 위영공 제15

제자 자공이 인덕을 수양하는 법을 질문하자, 공자는 기술자를 예로 들어 설명했습니다. "기술자는 일을 잘하고 싶으면 반드시 먼저 도구를 손질한다. 이와 같이 어느 나라의 정무를 담당하는 인물 중 뛰어난 인물을 섬기고, 그 나라의 관리 중 인덕 있는 자를 친구로 삼아 자기 자신을 갈고닦으면 된다."

'의사의 실력은 진찰 가방을 들여다보면 알 수 있다'는 말이 있습니다. 도구를 잘 손질하고 정리 정돈을 잘하는가, 도구를 잘 쓰려고 연구한 흔적이 있는가, 이를 보면 그 사람의 실력이나 자기 일에 임하는 마음가짐을 알 수 있습니다. 마찬가지로 어떤 스승을 모시고 어떤 친구를 사귀는지를 보면 그 사람의 의지나 능력, 성격까지 알 수 있습니다. 좋은 사람과 가까워지면 많은 것을 배울 수 있고 맡은 일을 잘 끌어갈 수 있으며, 자기 자신을 갈고닦을 수 있습니다. 한편 나쁜 사람을 가까이 두면 마음이 안이해지기 쉬워 모든 일에 나쁜 영향을 끼치고 자신을 갈고닦기 어려워집니다.

기술자에게 도구는 목숨과 같아서 도구에 세심하게 주의를 기울입니다. 이와 마찬가지로 인덕을 쌓고 싶다면 주변에 있는 사람이 중요합니다. 기술자가 좋은 도구를 고르는 것처럼 좋은 선생님과 친구를 찾아봅시다.

열심히
잘하고 있니?
영업 천재
야마오카 선배 밑에서
일한 건 정말 좋은
경험이었어.
오랜만이에요
SNS 운용은….
오~
회사 밖 스터디
모임도 용기를 내서
참여하기 잘한 것 같아.
난 아직
모르는 게
많아.
같은
영업 일이어도
다른 회사 사람의
이야기를 들으면
또 다르네.
오~
요즘
트렌드는….
오~

나도!
나도 선배를
본받아
열심히
할 거야!
조금씩 일이
즐거워지는 것
같아.

41 좋은 친구를 사귀기 위한 세 가지 조건

주충신 무우불여기자
主忠信 毋友不如己者

충심과 신의를 주요하게 삼고, 자기만 못한 자를 친구로 삼지 말라. 자한 제9

'근묵자흑(近墨者黑)'이라는 말이 있습니다. 나쁜 사람이 가까이 있으면 나쁜 영향을 받는다는 의미이죠. 어떤 친구를 사귀느냐에 따라 인생이 달라져요. 좋은 친구가 많아 불행한 사람, 나쁜 친구들 틈에서도 바르게 사는 사람은 많지 않습니다. 그렇기 때문에 친구를 잘 사귀어야 합니다. 아마존 창업자 제프 베이조스는 "인생은 짧으니 시시한 자와 어울릴 여유 같은 건 없다"라면서 친구부터 직원까지 고를 수 있는 사람은 전부 골랐습니다. 그렇다면 우리는 어떤 기준으로 친구를 사귀면 좋을까요?

"내부에서 우러난 진정한 충심과 거짓말을 하지 않는 신의를 자기 삶의 중심으로 삼고, 자신보다 부족한 자를 친구로 삼지 말 것." 공자의 이 말은 참으로 옳죠. 그런데 부족한 사람을 친구로 삼지 않는다면 모든 친구를 자신보다 뛰어난 사람 중에서 골라야 하는데 참 어려워 보입니다. 공자가 말하는 우열은 능력이나 학문만 뜻하는 게 아닙니다. 공자는 각각 세 종류의 유익한 친구와 유해한 친구가 있다고 보았습니다. 유익한 친구는 '올곧고 정직한 자, 성실한 자, 지식이 있고 박식한 자'입니다. 유해한 친구는 '말을 똑바로 하지 않고 남을 추종하는 자, 겉과 속이 달라 성실하지 못한 자, 입만 산 자'입니다. 계씨 제16 이를 기준으로 삼아 공자는 유해한 친구를 두지 않으려고 주의했습니다.

영업부 동기끼리
술자리
건배!!
와아
와아
와아

어휴~
부장 진짜
짜증 나.
그 인간,
일도 전혀
안 하잖아.
도대체
왜 있는 건지
모르겠어.

맨날 이렇게
열심히 일하는데
월급은
쥐꼬리야.
그러니까!
사장도
늙었으니까
빨리 은퇴했으면
좋겠어.

다들 불평이 많네….
회사에서는 잘 보이려고
좋은 말만 하면서….
…
투덜
투덜

42 말과 행동을 같이하기

론독시여 군자자호 색장자호
論篤是與 君子者乎 色莊者乎
변론이 정교한 걸 좋다면 그는 군자인가 겉만 꾸미는 자인가. 선진 제11

실천을 무엇보다 중요하게 생각한 공자는 말로만 사람을 평가해서는 안 된다고 생각했습니다. "언변이 뛰어나다는 점만 평가하면, 그가 말과 행동이 과연 일치하는 군자인지 입만 산 인간인지 알 수 없다." 공자는 군자에게 필요한 것은 교묘한 언변이 아니라 어디까지나 실행하는 면이라고 생각했습니다. 교묘한 언변으로 주도권을 잡으려는 사람은 예나 지금이나 많습니다. 말을 잘한다는 것은 교섭이나 정치는 물론이고 일반적인 인간관계에서도 큰 무기가 됩니다. 인간은 말을 잘하는 사람에게 끌리니까요. 문제는 그 말에 행동이 따라오는가입니다. 연설은 잘하지만 자기가 한 말을 지키지 않는 정치가를 생각해 볼 수 있겠네요.

공자 시대에서 2000년이 지난 명나라 시대 유학자 왕양명이 주장한 지행합일(知行合一)은 후대 사람들에게도 큰 영향을 끼쳤습니다. 지행합일은 '아는 것과 행동하는 것은 같고, 행동하지 않는 것은 모르는 것과 같다'는 뜻입니다. 이 지행합일은, 5장의 48번에서 설명할 "군자는 자기주장을 먼저 행동으로 표현하고 그 후에 말로 주장하는 법이다"위정 제2라는 공자의 말이 원조입니다.

기타야마 씨.
프레젠테이션
준비 잘 했어?
연습 한번
해 둘까?
네! 물론이죠.
완벽해요!

말은 술술
잘하는데
핵심이
없네….
논리에 비약이
너무 많고….
재잘재잘
재잘
재잘

죄… 죄송합니다,
사장님….
음! 괜찮은데?
그렇게 가지!

엥?
이걸로
괜찮아?
충격…
역시
대단해!

도부동 불상위모
道不同 不相爲謀
같은 도를 지향하지 않으면 함께 도모하지 않는다. 위영공 제15

'동상이몽(同床異夢)'이라는 말이 있습니다. 같은 침대에 베개를 나란히 베고 누워 서로 다른 꿈을 꾼다는 뜻이죠. 이 뜻에서 발전해 설령 같은 목표를 세워 함께 나아가더라도 팀원끼리 생각이나 방법이 다른 것을 가리키기도 합니다. 팀원 간의 의견 차이가 너무 크면 팀은 결국 뿔뿔이 흩어지게 됩니다. 공자는 이렇게 말했습니다. "나아가는 길이 다르면 아무리 의논해도 무의미하다." 어떤 일을 하기 위해 대책과 방법을 세울 땐 같은 길을 바라보는 자와 함께 가는 게 좋다는 뜻입니다. 또한 공자는 입만 산 사람과는 같이 걸으면 안 된다고 하며 이렇게 말했습니다. "도를 지향하며 학문하는 몸이면서 입는 것이나 먹는 것이 초라하다고 수치스러워하는 자와는 대화를 나눌 수 없다."이인 제4 입으로는 그럴싸한 소리를 늘어놓으면서 행동은 그렇지 못한 사람은 믿을 수 없다는 뜻이죠. 공자가 바라는 군자란 '도는 걱정하더라도 빈곤은 걱정하지 않는'위영공 제15 인물이었습니다. 말로는 의기투합한 것 같은데 차츰차츰 앞뒤가 안 맞기 시작하는 경우도 종종 있습니다. 어떤 일을 하든, 좋은 결과를 내려면 팀원 모두가 같은 꿈을 꿔야 합니다. 그러면 어떤 고난이 오더라도 이겨 낼 힘이 되어 줍니다.

지난번에 말한 거….
인건비를 삭감하고
친환경을
내세우자는 건 말인데….
역시 그대로
진행하지!
다들
잘 부탁하네!
쿵

윤리적인
문제는 어쩌죠,
사장님!
벌떡
윤리라고?
우리 회사의 윤리는
회사의 이익!
주주의 이익!
쿵

어….
……
어휴

그럼 저는
그만두겠습니다.
더는 일 못 하겠어요.
단호

44

바른말 하기의 결과

덕불고 필유린
德不孤 必有隣

덕이 있는 자는 외롭지 않고 반드시 이웃이 있다. 사인 제4

어느 날, 제자 자유가 한탄했습니다. "주군이 듣기에 귀 따가운 말로 진언하면 벌을 받기 쉽고, 친구에게 따끔하게 말하면 멀어지기 쉽구나." 무심코 '맞는 말이지' 하고 고개를 끄덕였나요? 옳은 말이어도 계속하면 윗사람은 불편해하며 거리를 두려 합니다. 친구 역시 충고나 조언을 너무 많이 하면 '아, 진짜 귀찮은 놈이네' 하고 성질을 낼 거예요. 옳은 말을 할 때는 미움받을 각오를 해야 합니다.

한편, 공자는 이 세상이 그렇게 형편없지는 않다고 생각했습니다. "수많은 덕이 전부 따로따로 떨어져 있지 않다. 반드시 가까이에 있으니, 하나를 몸에 익히면 그 주위 덕도 따라온다." 이렇게도 말했습니다. "정치를 하는데 덕이 있으면 움직이지 않는 북극성을 주변의 별이 둘러싸고 인사하는 것처럼 사람들이 덕 있는 위정자를 따르게 된다."위정 제2

열의는 사람에게서 사람에게로 전해진다는 말이 있어요. 열의가 담긴 말은 처음에는 듣기 불편할지 몰라도 반복하다 보면 차츰차츰 사람들에게 전해지고 영향을 미치게 됩니다. 물론 공자도 이것이 그렇게 쉽지 않다는 걸 알고 있었겠죠. 그럼에도 계속 반복하면 세상이 더 좋아진다고 믿었습니다.

회사 그만두고 뭘 하실 거예요?
꾸벅
그동안 감사했습니다.

네? 창업이요?
두근 두근
사실은 창업을 하려고요!

초심을 잃지 않고 기초부터 열심히 쌓으려고요.
사업 계획도 세웠어요.

저도 도울게요!
엇…!
저도 같이 갈래요!

45

세상에서 제일 위험한 끼리끼리

군자화이부동 소인동이불화
君子和而不同 小人同而不和
군자는 화합해도 같아지지 않고 소인은 같아지지만 화합하지 않는다. 자로 제13

살다 보면 자신의 이상이나 신념을 굽히거나 다른 사람의 부정을 보고도 모른 체하게 되는 일들이 많습니다. 세상을 어떻게 살아가야 할지 고민하고 있다면 공자의 이 말이 힌트가 될 거예요. "군자는 사람과 화합하여 협조하지만 무조건 같아지지 않는다. 반대로 소인은 같아지지만 협조성이 없다." 공자는 이런 말도 했습니다. "군자는 폭넓게 친교를 나누며 일부와 너무 각별해지지 않는다. 소인은 몇 사람에게만 각별하고 넓게 사람을 사귀지 않는다." 위정 제2

공자 본인이 고생한 경험이 있기에 일부끼리 뭉쳐 아첨하며 작당하거나 파벌을 만드는 것에 반감이 강했을 겁니다. 혈연이나 출신 등 공통점이 있는 사람만 끌어모으고 다른 사람을 배제하면 어떤 조직이든지 잘될 리 없습니다. '외부인'은 뛰어난 능력이 있어도 채용하지 않고 '내부인'은 한없이 관대하게 대하다가 추락하기 쉽거든요. 공자는 출신 상관없이 의욕이 있는 사람은 전부 제자로 삼았습니다. 사람은 누구나 배움을 통해서 무한으로 성장할 수 있다고 믿었기 때문이죠. 친한 사람끼리 모여 있으면 기분이야 좋겠지만, 진정으로 성공하려면 넓게 보고 쓴소리를 하는 사람도 받아들여야 합니다. 조직도 개인도 그렇습니다.

몇 달 후. 회사를 세우고
사무실을 빌렸다.
이제
일할 수
있겠어요.
이얍

끼익
그럼
다녀올게.
둘 다
앞으로
잘 부탁해.

우리도 참
과감하게
회사를
그만뒀네.
사원이 아직
세 명뿐이니까
한 명 한 명이
제대로 안 하면
안 돼.

나도
그래.
그래도 그 회사에서
굽신굽신하는 것보다
선배의 사업을 돕는 게
낫다고 생각했어.

46 내가 당하기 싫은 일은 남에게도 하지 않기

기서호 기소불욕 물시어인
其恕乎 己所不欲 勿施於人
그것은 배려(서, 恕)이다. 내가 원하지 않으면 남에게 하지 말라. 위영공 제15

제자 자공이 공자에게 물었습니다. "평생 지킬 가치가 있는 단 한 가지 말이 있을까요?" 이른바 좌우명을 물어본 것이죠. 공자는 이렇게 대답했습니다. "그건 '서'이다. '서'는 배려와 어진 마음을 말한다. 내가 바라지 않는 것은 남에게도 하지 않도록 하라." 서구적 사고로 말하면 '내가 바라는 것을 남에게 해 줘라'가 되겠지요. 이것도 괜찮지만 때로는 불필요한 친절을 베풀어서 불편하게 하는 곤란한 점이 있습니다. 이와 비교하면 공자의 사고방식은 포용력이 있죠.

세상살이의 99%는 인간관계입니다. '신뢰할 수 있는가?' '마음이 맞는가?' '적인가 아군인가?' '이해관계는 어떻게 되는가?' 복잡한 인간관계 속에서 유일하게 흔들리지 않는 방법이 있다면 바로 '배려'라는 것이 공자의 대답이었습니다. 어느 중학교의 이사장은 "내가 당하기 싫은 일을 남에게 한다면 그게 곧 학교 폭력이다"라고 학교 폭력을 명쾌하게 정의했습니다. 학교 폭력이나 각종 폭력(괴롭힘)이 밝혀졌을 때, 가해자는 "나쁜 의도는 아니었어요" "아팠다면 사과할게요" 같은 소리를 종종 합니다. 그런 식으로 자신의 판단을 상대화하지 말고 '내가 당하면 싫은 일'이라는 절대적인 선을 긋자는 것이 이사장의 제안이며 곧 공자의 사상입니다.

사장님,
이게 뭐예요?
이건
내 좌우명이야.
恕
한자네요?
용서하다, 어질다,
배려하다라는 뜻의 '서'야.
내가 당하기 싫은 일을
남에게도 하지
말자는 뜻이지.
간단한 거
아니에요?
생각보다 어려워.
그러니까 항상
의식하면서 살아야 돼.

공자의 '리더십' 이야기

5장

좋은 어른이 되기 위한 리더십

47

구정기신의 어종정호하유 불능정기신 여정인하
苟正其身矣 於從政乎何有 不能正其身 如正人何

자기 자신을 바르게 한다면 정치하는 데 무슨 문제가 있겠는가. 자기 자신을 바르게 하지 못하면 어찌 남을 바르게 하겠는가. 자로 제13

공자는 경영자나 상사 같은 리더들은 누구보다도 공정하고 청렴하고 성실해야 한다고 생각했습니다. 리더가 거만하게 굴고 자기 욕심을 채우려고 하면서 직원들에게는 정의와 성실을 요구하면 아무도 따르지 않습니다. 법이나 규칙으로 다스리면 잠깐은 따를 테지만, 결국에는 따르지 않게 되죠. 공자는 이렇게 말했습니다. "만약 자기 몸을 올바르게 할 수 있다면 정치를 해 나라를 다스리는 데 어려움이 없다. 반대로 제 몸을 올바르게 할 수 없다면 다른 사람을 올바르게 할 수도 없다." 또 이런 말도 남겼습니다. "위에 서는 자가 예를 지키면 국민 모두가 존경한다. 위에 서는 자가 의를 지키면 국민이 따르는 법이다." 자로 제13 "위에 선 자의 생활이 바르면 명령하지 않아도 국민은 자연히 따르고 만사 순탄하게 이루어진다. 반대로 생활이 공정하지 않으면 명령해도 따르지 않는다." 자로 제13

팀원들은 리더의 '됨됨이'를 봅니다. 그럴싸한 말보다 성의가 있는지, 언행이 일치하는지 판단하죠. 성의가 없고 언행이 일치하지 않으면 겉으로만 따르는 척합니다. 아무리 교묘하게 꾸민 말로 칭찬해도 말만으로는 사람의 마음을 움직일 수 없어요. 리더는 눈에 보이는 성과와 실력 그 이상으로, 품성이나 인덕이 중요합니다.

우여곡절을 겪으며
회사는 성장했다.
좀 더 넓은
사무실로
이사해야겠어.
와글
와글
사원이 늘어서
사무실이 이제
좁아졌네요.

이사 전 대청소하는 날.
앗, 창업 초기의
사업 계획 복사본이네.
우리 계획보다
훨씬 성장했어!

그만큼 우리도 꾸준히
성장했다는 거겠죠?
그때마다 배우고
달라진 외부 환경에도
발맞췄다는
뜻이기도 하겠지.

사장님의 그런 자세를
보며 직원들도 배우니까
상승 효과가 나오는 거죠.
하하하!
응?
칭찬이 후한데?
인사고과 전이라
그래?

48

과한 생각은 독이 된다

군자 욕눌어언 이민어행
君子 欲訥於言 而敏於行
군자는 말할 때 더듬거리고 행동에는 민첩해야 한다. 사인 제4

공자는 실행과 실천을 아주 중요하게 여겼습니다. "군자는 가벼운 말을 하지 않고 해야 할 일을 재빠르게 해야 한다." 「논어」에는 이와 비슷한 말이 자주 등장합니다. "옛 선인이 말을 가볍게 하지 않은 것은 자기 행동과 말이 다른 것을 부끄러워했기 때문이다."사인 제4 "군자는 자기 말이 행동보다 지나친 것을 부끄러워했다."헌문 제14

공자는 말한 바를 반드시 실행하는 '유언실행(有言實行)'을 추구했습니다. 또 42번에서 소개했듯이 "군자는 자기주장을 먼저 행동으로 표현하고 그 후에 말로 주장하는 법이다." 위정 제2라고 하여 '불언실행(不言實行)'도 장려했습니다.

공자는 생각이 지나친 것을 경계했습니다. 어떤 사람이 "노나라의 계문자는 세 번 생각하고서야 비로소 실행했다"라고 칭찬하자, 공자는 "두 번 생각하면 해야 하는지 하지 말아야 하는지 알 수 있다." 공치장 제5라고 가볍게 받아치기도 했죠.

위험을 피하기 위해서 그 자리에서 즉시 결정하지 말고 검토해야 할 때도 있죠. 그러나 너무 과하게 생각하다가 머뭇거려서 기회를 놓칠 수도 있습니다. 그러니 공자가 생각했다면 바로 실행하라고 강조한 것이겠지요.

저기, 시마다 씨. 우리는 영업 사원이잖아. 거래처 만나러 나가야 하지 않을까?
아니, 제안 내용을 좀 더 생각하고 나갈까 싶어서….
으음…. 성과를 낸다면야 괜찮겠지만.
으으…
그리고 사장님 아직 출근 안 하셨잖아!
좋은 아침~
아, 가가와 씨. 지난번 안건, 계약 성사되었어요.
좋은 아침입니다
!
시마다 씨, 많이 생각하는 것만큼 빠르게 실행하는 것도 중요해요.
네, 네…!

49

도천승지국 경사이신 절용이애인 사민이시
道千乘之國 敬事而信 節用而愛人 使民以時

천 대의 전차를 이끄는 나라를 다스릴 때는 일을 신중히 하고 비용을 절약하고 인재를 아끼고 백성에게 일을 시킬 때는 적절한 시기를 고른다. 학이 제1

리더가 조직과 사람을 이끌려면, 남에게 배려심을 보이고 자기 자신에게는 정당해야 합니다. 공자는 이렇게 말했습니다. "천 대의 전차를 보유한 대국을 다스리려면 일을 신중하게 처리하고 백성에게 신뢰를 얻고, 무의미한 지출을 줄여 절약하고 백성을 소중히 하고, 백성에게 일을 시킬 때도 농사를 쉬는 한가로울 때를 고르도록 배려하는 자세가 필요하다." 아무리 권력이 있어도 사람은 명령만으로는 움직이지 않아요. 배려가 있어야만 '어디 일해 볼까?' 하고 반응하고, 명령하는 사람이 군자여야 '이 사람을 위해 일해 보자'는 마음이 생기지요.

'면종복배(面從腹背)'라는 말이 있습니다. 겉으로는 말을 따르는 것처럼 보여도 속으로는 따르지 않는 모습을 가리키는 말입니다. 사람을 따르게 할 때, 권력이나 폭력을 써서 억지로 따르게 할 수도 있고 돈으로 낚아서 움직이게 하는 방법도 있지요. 그러나 이런 방법은 오래가지도 못할뿐더러 위험할 수도 있습니다.

사람과 사람 사이에는 신뢰가 가장 중요합니다. 서로에 대한 신뢰가 있으면 아무리 어려운 상황이라도 극복할 수 있어요. 하지만 리더가 횡포를 부리면 팀원들은 면종복배할 수밖에 없어요. 그래서 공자는 "교육받지 않은 백성을 끌고 싸우려 하면 틀림없이 패배한다. 이는 윗사람이 백성을 버리는 것과 같다" 자로 제13라는 말로 교육의 중요성을 강조했습니다.

?
응? 시마다 씨, 오늘 좀 피곤해 보이네? 무슨 일 있어요?
꾸벅
꾸벅
아, 사실은 아들이 갑자기 열이 나서 잠을 한숨도 못 잤어요…. 지금은 아내가 집에 있는데….

뭐? 그럼 오늘은 휴가를 쓰고 집에 가서 아들을 같이 돌보는 게 어때요?
꾸벅
꾸벅
아닙니다. 괜찮습니다.

일은 다 같이 커버할 수 있으니까 걱정하지 말고요.
직원의 건강이 나빠지면 그거야말로 제 책임이니까요.

네, 알겠습니다!
잘 돌보고 와서 업무에 복귀하겠습니다!
굿

50 상대방을 배려하는 말하기

중인이상 가이어상야 중인이하 불가이어상야
中人以上 可以語上也 中人以下 不可以語上也
중급 이상인 자에게는 상급의 이야기를 해도 좋으나 중급 이하인 자에게는 상급의 이야기를 할 수 없다. 옹야 제6

공자는 상대에 따라 말하는 방식이나 가르치는 방식을 바꿔야 상대방의 마음을 사로잡고 움직이게 해서 성장으로 이끌 수 있다고 생각했고 이를 실천하려고 고심했습니다. "중급 수준 이상인 자에게는 수준 있는 이야기를 해도 좋으나 중급 수준 이하인 자에게는 수준 있는 이야기를 할 수 없다."

공자는 수많은 제자를 가르친 교육자였습니다. 그는 제자의 성격이나 능력은 물론이고 가정 환경과 평소의 행동 등을 잘 관찰해 제자마다 다르게 가르쳤습니다. 이런 일화도 있습니다. 어느 날 제자 자로가 "다른 사람에게서 좋은 이야기를 들었다면 바로 그 말대로 하는 게 좋을까요?"라고 질문했습니다. 공자는 이렇게 조언했습니다. "아버지나 형의 의견을 들어야 한다." 그런데 제자 염유가 같은 질문을 하자 공자는 "바로 하거라"라고 대답했습니다. 제자 공서화가 당황해서 같은 질문에 다른 대답을 한 이유를 묻자, 공자는 이렇게 말했습니다. "염유는 소극적이니까 격려했다. 자로에게는 과한 면이 있으니까 자제하라고 한 것이다."선진 제11

리더는 팀원의 능력을 최대한 끌어내야 합니다. 누구에게나 맞는 절대적인 정답은 없어요. 혼나면서 성장하는 사람이 있고 혼내면 위축되는 사람이 있듯이 사람마다 성향과 개성이 전부 다릅니다. 그러니 차이를 파악하고 '사람을 가려 법을 가르치는' 일이 필요합니다.

고노 씨!
영업하러 나가기 전에
제안 자료 수정해 줄래요?
고객의 편에서
다시 생각해 보세요.
아, 네.

어라, 사장님.
전에 저한테는
생각하지 말고
행동하라고
말씀하셨잖아요.
말씀이
다른데요?

시마다 씨는
생각이 너무 많아서
움직이지 못하는
타입이니까
좀 더 행동력을
높이는 게 좋을 것
같아서요.
아

반대로 고노 씨는
행동력은
충분하니까
제안하는 실력을
높이면 더
잘할 수
있을 거예요.
네!
네!

51

약점이 아닌 강점에 집중하기

군자성인지미 불성인지악 소인반시
君子成人之美 不成人之惡 小人反是
군자는 사람의 좋은 점을 이루게 도와주지 나쁜 점을 이루도록 돕지 않는다. 소인은 이와 반대다.
안연 제12

인간이라면 누구나 강점과 약점이 있습니다. 하지만 우리는 다른 사람의 약점에만 시선이 가서 중요한 강점은 보지 못하는 경향이 있죠. 만능인 사람은 없습니다. 한두 가지 분야에서 뛰어나면 그 사람은 우수한 겁니다. 리더는 팀원들의 약점을 커버하고 강점을 충분히 발휘할 수 있는 환경을 꾸려야 합니다. 그래야만 조직은 팀워크를 발휘할 수 있죠.

공자도 사람을 그렇게 써야 한다고 말했습니다. "군자란 사람의 좋은 점을 격려해 향상하게끔 하고, 반대로 나쁜 점은 고치게 한다. 소인은 이와 정확히 반대다." 32번에서 설명했듯이 '소인'은 도량이 좁고 덕이 없고 품성이 떨어지는 사람이라는 뜻입니다. 그런 사람이 리더가 되면 함께 일하는 동료들에게는 고생길이 열립니다.

"어떤 일을 이뤄 주는 것은 다름 아닌 강점이다." 경영학자 피터 드러커의 말입니다. 노력해도 보통 이상이 되지 못하는 것에는 아무리 시간을 써도 소용없으니 강점을 갈고닦고 활용해 성과를 올리는 편이 훨씬 더 효율적이라는 뜻입니다. 리더는 약점이나 개인의 호불호로 사람을 판단하지 말아야 합니다. 사람의 긍정적인 면을 보고 강점을 마음껏 발휘하게 도와주면 성과는 알아서 따라옵니다.

사장님….
왜 그래요?
표정이
안 좋네….
전에 한 이벤트
말인데요….
목표의 절반도
달성하지
못했습니다.
이번에 처음 한
시도니까 실패해도
괜찮아요.
실패 원인을
조사해서
다음에 활용하면 돼.
깊이 생각하는 건
시마다 씨가 잘하니까
강점을 발전시킬
기회네요.
…네!

52

군자불이언거인 불이인폐언
君子不以言擧人 不以人廢言
군자는 말로 사람을 천거하지 않고 사람 됨됨이 때문에 그 사람의 말을 버리지 않는다. 위영공 제15

타인을 공정하게 대하는 일은 쉽지 않습니다. 인간인 이상 누구나 호불호가 있으니까요. 자신을 잘 따르는 사람은 호감이지만 자신의 의견에 반대하는 사람은 아무래도 싫어지죠. 하지만 공자는 색안경을 끼고 편애하면 안 된다고 단호하게 말했습니다. "군자는 그 사람의 말이 좋다고 해서 그 인물을 발탁하지 않고, 인물이 별로거나 신분이 낮다고 해서 발언을 무시하지 않는다."

좋은 리더라면 듣기 좋은 말을 한다는 이유만으로 사람을 좋게 평가하지 않습니다. 대신 그 말에 행동이 따라오는지를 평가합니다. 또 의견을 들을 때는 상대의 성격이나 입장 등을 따지지 않습니다. 의견의 내용이 가장 중요하니까요. '좋은 의견이라면 누가 말하든 귀를 기울인다'. 이것이 공자의 자세입니다.

일본의 메이지 유신을 이끈 사람 중 한 명인 가쓰 가이슈는 하급 무사 집안에서 태어나 정치에 나서지 못하는 신분이었습니다. 그러나 개항을 요구하는 미국 페리 제독의 흑선이 찾아왔을 때, 막부가 해안 방비에 관한 의견을 널리 물었는데 이때 가이슈가 낸 의견서가 주목받아 출셋길이 열렸습니다. 만약 막부가 신분을 이유로 가이슈의 의견을 버렸다면 그는 세상에 나오지 못했고 메이지 유신의 흐름도 달라졌을 겁니다. 누군가의 의견을 들을 때 색안경을 끼고 보지 않아야 좋은 성과를 낼 수 있습니다.

아, 기타야마 씨!
오랜만이에요.
안녕하세요~
오랜만이에요.
오늘은요,
부탁드릴 게
있어서
왔어요.
전 직장에서
후배였던
기타야마 씨….
왜 왔지?
저, 프레젠테이션
능력 하나는
자신 있으니까
후회하지
않으실 거예요.
선배 회사에서
저를 고용해 주시면
안 될까요?
열심히 일할게요.
기타야마 씨,
우리 회사에
필요한 게 무엇인지
좀 더 연구한 후에
다시 오세요.
우리 회사에 대해
전혀 조사도
안 하고 왔나
보네.
엑.

53

스스로 생각하고 스스로 결정하기

중오지 필찰언 중호지 필찰언
衆惡之 必察焉 衆好之 必察焉
대중이 싫어해도 반드시 살펴보고 대중이 좋아해도 반드시 살펴보라. 위영공 제15

'다른 사람들이 찬성하니까 나도 찬성해야지.' '다른 사람들이 사니까 나도 사야지.' 혹시 여러분도 이렇게 생각한 적 있나요? 지금은 인터넷과 SNS로 사람들이 어떻게 평가하고 평판이 어떤지 정보를 쉽게 얻을 수 있는 시대입니다. 그러나 평판이나 평가는 어쩔 수 없이 개인의 생각이 들어갑니다. 불확실한 정보를 곧이곧대로 받아들이면 잘못된 소문에 휘둘리거나 남의 의견만 따르는 사람이 될지도 몰라요.

무언가를 판단하거나 결단을 내릴 때는 객관적인 데이터를 조사하고 여러 사람의 의견을 듣고 비교해 보는 신중한 자세가 필요해요. 공자도 이렇게 말했습니다. "많은 사람이 나쁘게 말할 때도 반드시 직접 알아보고 생각한다. 많은 사람이 좋게 말할 때도 반드시 직접 알아보고 생각한다." 공자는 제자에게 스스로 생각하고 결정하라고 요구했습니다. '외부의 목소리'에 쉽게 휘둘리지 말고 확신이 들 때까지 조사하고 납득할 때까지 생각해 자기 '내면의 목소리'를 듣는 것이 중요해요. 내면의 목소리가 옳다고 확신한다면, 누군가가 "그건 아니야"라고 말하거나 전혀 다른 의견을 말해도 흔들리지 않게 됩니다. 중요한 것은 '모두가 어떻게 생각하는가'가 아니라 '내가 어떻게 생각하는가'입니다.

사장님….
왜 C사랑
거래를 하세요?
응?
무슨 일
있어?
C사 사장이
별로라고
SNS에서
다들 난리예요.
갑질이
엄청나대요.
헉
그런
소문이 있던데
실제로는
어떤가요?
C사 사원
네? 그런 일 전혀 없어요.
사장님이 거짓말을
안 하는 성격이다 보니
그게 싫은 몇몇 사람이
나쁜 소문을 퍼뜨리는
거예요. 저희야말로
피해자예요.
그만둔
직원도 없고
갑질 같은 소리는
들어 본 적도
없어요.
그렇지?
과연…

54

민무신불립
民無信不立
백성은 믿음 없이 서지 않는다. 안연 제12

제자 자공이 정치하는 자의 마음가짐이 어떠해야 하는지 묻자, 공자는 세 가지 중요한 과제를 들어 설명했습니다. "백성의 식(생활)을 넉넉하게 확보하고 병(군비)을 갖추고 백성의 신(믿음)을 얻는 것이다." 자공은 세 가지 중 어쩔 수 없이 포기해야 한다면 무엇을 포기해야 하는지 물었습니다. 그러자 공자는 군비라고 대답했습니다. 자공이 이어서 남은 둘 중에 어쩔 수 없이 포기해야 한다면 무엇을 포기해야 하는지 묻자, 공자는 식량이라고 대답하며 "예로부터 누구에게나 죽음은 찾아오는 법이지"라고 말했습니다. 이어서 이렇게 설명했어요. "만약 백성이 위정자를 믿지 않으면 설 수 없다." 정치에서 가장 중요한 과제가 무엇인지를 설명한 공자의 유명한 말입니다. 이때의 '믿음'을 '정치를 믿게끔 하는 것' '백성이 서로 믿게 교육하는 것' 등으로 해석하기도 하는데, 핵심은 정치뿐 아니라 모든 조직에도 믿음이 필요하다는 것입니다.

조직을 지탱하고 사람을 움직이려면 신뢰 관계가 정말 중요합니다. 신뢰가 없으면 어떤 말도 마음을 울리지 않아요. 신뢰가 없으면 사람을 움직일 수 없습니다. '믿음이 없으면 서지 못한다'는 지금 시대에도 들어맞는 원칙입니다.

가을에 발표 예정인 새로운 서비스 건으로 협력 회사에 찾아가서 진전 상황을 확인했는데….

완전히 엉망이에요! 발주처를 잘못 골랐어요! 진전은커녕 품질도 최악이에요! 틀림없이 불평불만이 쏟아질 거예요!
죄송합니다!
다른 업체에 문의했더니 수정하려면 최소 반년은 걸린다고 해요….

앗, 하지만 광고 제작 중인데…. 지금 그만두면 손실이 어마어마해요….
일단 발표하고 나중에 수정하면 안 될까요?

광고 진행 전부 멈추세요!
신뢰를 잃으면 모든 걸 잃어요!

55

다른 의견을 가질 권리

인지언왈 여무락호위군 유기언이막여위야 여기선이막지위야 불역선호…
人之言曰 予無樂乎爲君 唯其言而莫予違也 如其善而莫之違也 不亦善乎…
사람들 말에 따르면 군주가 된 것이 즐겁지 않으나 오로지 내 말을 어기지 않는 것은 즐겁다고 하였는데, 만약 군주의 말이 착해서 어기는 이가 없다면 좋지 아니하겠는가…. 자로 제13

정공이 공자에게 "한 마디로 나라를 일으킬 말이 있습니까?"라고 묻자, 공자는 "말에는 그만한 힘이 없습니다만"이라고 단언한 후, 그와 비슷한 것으로 '군주인 것은 어렵고 신하인 것도 쉽지 않다'라는 말을 소개했습니다. 자기 자신을 자각한 군주가 있는 나라라면 번영하리라는 의미입니다. 정공이 이어서 "한 마디로 나라를 무너뜨릴 말이 있습니까?"라고 묻자, 공자는 앞에서처럼 단언한 후에 이렇게 말했습니다. "'군주로서 노력하는 것은 즐기지 않으나 군주인 자신의 말에 아무도 거역하지 못하는 것을 즐거워하다'라는 말이 있습니다. 군주의 말이 선하다면 거역하는 자가 없어도 괜찮겠으나, 만약 군주의 말이 선하지 않은데 신하와 백성이 거역하지 않고 따른다면 그런 나라는 머지않아 멸망하겠지요. 그런 의미에서 나라를 무너뜨릴 한 마디에 가깝지 않을까 합니다."

카리스마 있고 능력이 특출한 사장이 이끄는 기업에서는 다른 의견이 나오는 일이 적고 모두 하나로 뭉쳐 똑바로 전진하죠. 그래서 짧은 시간에 큰 성과를 거둡니다. 그런데 사장이 단 한 번이라도 잘못된 판단을 하면 상황이 끔찍해집니다. 따라가는 데 익숙한 사람들은 스스로 생각할 힘이 없어서 아무도 조직의 폭주를 멈추지 못합니다. 다른 의견을 자유롭게 낼 수 있어야 조직이 건전하게 발전합니다.

메인 비주얼
둘 중에
어느 걸로
할까….
아, 그거라면
오른쪽이
좋지 않을까요?
논어
논어

아…
네…
알겠습니다.
응….

그럼
정리할게요.
잠시만요!
다른 의견
있는 거
아니었어요?
논어

그래.
생각한 게
있으면
말해 줘요~
휴
그게, 왼쪽이
좋을 것 같아요.
이번 기획도 그렇고,
타깃도 그렇고,
화제성도 있고요.

인무원려 필유근우
人無遠慮 必有近憂
사람이 멀리 보지 않으면 반드시 조만간 근심하게 된다. 위영공 제15

세상은 빠르게 변합니다. 아무리 뛰어난 재능을 가졌어도 언젠가 그것을 뛰어넘는 재능이 등장해 빛을 잃죠. 시간이 지나면서 강점이 약점이 되는 경우도 흔합니다. 공자는 이렇게 말했죠. "사람이 멀리 내다보지 않으면 분명 조만간 걱정거리가 생긴다." 일이 잘 풀리는 동안 장래를 대비해 계속 공부하면서 변화를 꾀해야 합니다. 그런데 이게 간단한 듯한데 생각보다 어려워요. 사람은 누구나 '잘 풀리는데 바꾸긴 뭘 바꿔?' '지금 이대로 갈 수 있는 데까지 가 봐야지'라고 생각하기 쉽습니다. 하지만 그렇게 현상 유지하려는 생각에 함정이 있다는 걸 알아차려야 합니다.

"오늘을 위해 싸우고 내일을 위해 생각하라." 영국 프로 축구 클럽 맨체스터 유나이티드에 황금기를 가져온 전 감독 알렉스 퍼거슨의 말버릇입니다. 프로인 이상 지금 닥친 시합을 이기지 못하면 의미가 없죠. 그러나 눈앞에만 연연하다 보면 1년, 2년 뒤 팀 구성에 소홀하게 됩니다. 프로는 오늘도 내일도, 또 내년에도 이겨야 합니다. 좁은 시선으로만 살다 보면 당장은 좋을지 몰라도 훗날 위태로워져요. 지금 최선을 다해 살며 장래에 대비해 게으름을 피우지 않는 것이 내일을 생각하는 자세겠지요?

사장님,
이 메모는
뭐예요?
아아,
이건··· 앞으로
장기적인 비전
아이디어를
메모해
둔 거예요.

그때그때 상황을
보고 결정하면
되지 않나요?
그때그때 내리는
결정도 중요하지만,
장기적으로
생각해 두지 않으면
문제가 생기기
쉬워요.

지금은 잘되는 사업도
앞으로 환경이 변화하면
어떻게 될지 모르잖아요.
그러니까
어떻게 하면
좋을지 미리
생각해 두는
거예요.

변화에 미리
대비를 하는
거군요!
바로
그거죠!

공자의 '인생' 이야기

6장

좋은 어른이 되기 위한 꿈

57 인생에서 너무 이르거나 늦은 것은 없다

오십유오이지어학 삼십이립 사십이불혹 오십이지천명 육십이이순 칠십이종심소욕불유구
吾十有五而志於學 三十而立 四十而不惑 五十而知天命 六十而耳順 七十而從心所欲不踰矩

나는 열다섯에 학문에 뜻을 품었고 서른에 스스로 일어섰다. 마흔에는 흔들리지 않았고 쉰에 천명을 알았다. 예순에 귀가 뚫렸고 일흔에 마음이 바라는 대로 따르고 어긋나지 않았다. 위정 제2

지금으로부터 2500년 전, 공자는 나이에 따른 삶의 자세를 이렇게 말했습니다. "나는 열다섯 살에 학문에 뜻을 품었고 서른에 홀로 섰다. 마흔이 되어 흔들리지 않았고 쉰에 천명을 알았다. 예순이 되자 남의 말을 순순하게 듣게 되었고 일흔이 되자 바라는 바를 자유로이 해도 길에서 벗어나지 않았다." 공자가 자기 인생을 돌이켜 보며 젊은 제자들을 위해 제시한 인생 지침이라고 합니다.

열다섯 살을 '지학', 서른 살을 '이립', 마흔 살을 '불혹', 오십 살을 '지천명', 예순 살을 '이순', 일흔 살을 '종심'이라고 부르는 것도 『논어』의 이 말에서 유래합니다. 몇 살에 어떤 일들을 이루는지는 사람마다 제각각입니다. 예를 들어 마이크로소프트의 빌 게이츠나 메타(구 페이스북)의 마크 저커버그, 델의 마이클 델 등은 대학에 다니던 열아홉 살에 회사를 차렸습니다. 한편, 70대가 되기 전까지 본격적으로 그림을 그린 경험이 없었던 화가 그랜드마 모지스나 다양한 경험을 통해 50대에 큰 성공을 거둔 닛신식품의 창업자이자 인스턴트 라면을 개발한 안도 모모후쿠 같은 사람도 있죠. 우리 인생에 '너무 일러'나 '너무 늦었어'는 없습니다.

학창 시절에 『논어』를 공부하기 시작해 수십 년, 경영자가 된 그녀는 마침내 은퇴하기로 했다.
은퇴 후에는 무엇을 하실 건가요?
젊은 창업자들을 지원할 생각이에요.
투자를 하시려는 거군요.

저도 처음에 많은 도움을 받았으니까
이제 제가 도울 차례죠.

58

모든 일을 내 일처럼

비여위산 미성일궤 지 오지야 비여평지 수복일궤 진 오왕야
譬如爲山 未成一簣 止 吾止也 譬如平地 雖覆一簣 進 吾往也

비유하건대 산을 쌓는 것처럼, 아직 한 바구니가 부족하더라도 그만두면 내가 그만둔 것이다. 비유하건대 땅을 고르는 것처럼, 고작 한 바구니를 부었더라도 계속하면 내가 진전한 것이다.

자한 제9

공자는 세상에서 일어나는 온갖 일을 '자기 일'로 여기고 살라고 했습니다. "사람이 성장하는 과정은 산을 쌓는 것과 같다. 앞으로 한 바구니의 흙을 옮기면 완성인데 멈추면 그건 내가 멈추는 것이다. 이는 땅을 고르는 것과 같다. 한 바구니의 흙을 뿌렸다면, 단 한 바구니라도 내가 한 걸음 나아간 것이다." 멈추는 것도 나아가는 것도 남이 정해 주는 것이 아니라 결국 내 선택입니다. 인생은 오로지 자신의 의지로 정해집니다.

그리스 신화의 시시포스라는 인물이 최고신 제우스에게 받은 잔혹한 형벌이 있습니다. 커다란 바위를 산 정상까지 운반하는 벌이지요. 간신히 산 정상에 올려놓으면 바위는 바로 다시 기슭까지 데굴데굴 굴러갑니다. 옮겨 봤자 다시 굴러떨어지는 헛수고를 영원히 반복하는 것이죠. 그런데 프랑스 작가 카뮈가 이 신화에 다른 의미를 부여했습니다. 시시포스가 형벌을 한탄하지 않고 '내가 할 일로 받아들이자'라고 생각하면, 그 순간 형벌은 헛수고가 아니게 되고 그는 부당한 일을 하는 영웅이 된다는 것입니다. 인생은 오지선다형 시험 문제가 아닙니다. 무수한 길 중 무엇을 골라 나아갈지는 자기 선택에 달렸습니다.

다니가와 씨, 무슨 일이에요? 할 말이 있다며?
투자해 주셔서 열심히 노력했지만 결국 안 되었어요. 상황이 너무 힘듭니다!
죄송합니다!

그만두고 싶으면 그만둬도 돼요.
네? 큰 돈을 투자해 주셨는데….

자기 인생이니까 스스로 정해야죠. 나는 강요하지 않아요.
투자 자금이 돌아오지 않아도 괜찮다고 각오했으니까 후회하지 않고.

자기 인생….
한번 더 잘 생각해 보겠습니다!
두둥…

59

좋아하는 일을 뛰어나게 잘하기

군자유어의 소인유어리
君子喩於義 小人喩於利
군자는 정의에 밝고 소인은 이익에 밝다. 사인 제4

세상을 잘 살아가려면 돈이 꼭 필요한 것은 사실이지만, 공자는 돈 욕심에 사로잡혀 올바른 생활을 그르치면 안 된다고 생각했습니다. 공자는 이렇게 말했죠. "군자는 사물의 원리인 정의를 안다. 소인은 손해와 이득에만 밝다." 올바르게 돈을 버는 것은 좋은 일입니다. 그러나 이것이 이득일지 손해일지, 돈을 벌 수 있을지 없을지로 세상 일을 판단하는 것은 바람직하지 않습니다. 정의나 인덕을 무시하는 거니까요.

한때 "세상 물건의 99%는 돈으로 살 수 있다"라고 자신 있게 말한 기업가가 있습니다. 거기에는 '얼마를 벌었느냐에 따라 인간의 가치가 정해진다'라는 강력한 가치관이 깔려 있었죠. 그런데 이 가치관이 과연 옳을까요? '세계 최고의 투자가'이자 '현자'라고 불리는 부호 워런 버핏은 그것이 옳지 않다고 생각했나 봅니다. 그는 "돈이 아무리 많아도 작년에 얼마를 벌었는지를 척도로 삼아 인생을 살면 언젠가 복잡한 일에 휘말릴 것이다"라고 아주 단호하게 말했습니다. 그렇다고 돈벌이 자체를 부정한 것은 아니에요. 그러나 돈벌이가 유일한 목적인 삶을 부정한 것이죠. 버핏은 이렇게도 말했습니다. "중요한 것은 내가 좋아하는 일을 뛰어나게 잘하는 것입니다. 돈은 그 부산물일 뿐이지요."

투자가를 찾아오는 사람은 다양하다.
여기에 투자하면 확실하게 돈을 벌 수 있어요.
앞으로는 이 분야가 뜹니다.
재잘
재잘

이익이 나온다는 건 알겠어요. 하지만 내가 그 일에 투자해야 할 이유가 뭐죠?
흐음

?
투자할 이유요?
돈을 버니까 투자해야죠. 간단합니다.

돈벌이를 부정할 생각은 없지만….
미안해요. 내 돈은 다른 곳에 쓰겠어요.
엥

60

하루에 한번 자기 반성하기

吾日三省吾身 爲人謀而不忠乎 與朋友交而不信乎 傳不習乎
오일삼성오신 위인모이불충호 여붕우교이불신호 전불습호

나는 매일 세 가지를 돌아본다. 다른 사람을 위하여 일을 도모하며 충실했는가. 친구와 교제하며 미더웠는가. 지식을 전수하며 전부 이해했는가. 학이 제1

공자의 제자인 증자가 했다고 전해지는 말입니다. "나는 매일 세 가지 점을 반성한다. 다른 사람을 위해 성심성의껏 생각했는가. 친구와 사귀면서 신(말과 행동이 일치하는 것)이 있었는가. 제대로 몸에 익히지 못한 것을 남에게 가르치지 않았는가." 증자는 유교의 주요 인물 중 한 명입니다. 공자의 손자 자사가 증자에게 배웠고, 자사를 통해 증자의 가르침이 맹자에게 전해졌습니다.

현대에도 많은 인물이 증자와 비슷한 말을 남겼습니다. 스티브 잡스는 매일 아침 거울 속 자기를 보며 "오늘이 마지막 날이라면 오늘 나는 무슨 일을 하고 싶은가?"라고 물어보면서 하루를 의미 있게 만들려고 했다지요. 또 기업가 마쓰시타 고노스케는 하루를 마무리하며 '오늘 하루 했던 일이 과연 성공인지 실패인지 돌아보는 것'을 습관으로 삼았습니다. 그렇게 하면 평온하고 무탈했던 하루에서도 뭔가 조금은 배워 나아질 수 있다고 생각했습니다. 증자처럼 수없이 반성하는 것은 어려워도 매일 밤 오늘 하루를 돌아보는 시간을 가져 보는 건 어떨까요? 바로 거기에 성장의 비밀이 숨어 있습니다.

내 회사의
직원이었던
청년이
창업 상담을
하러 왔다.
어떻게
생각하세요?
솔직한
말씀을 듣고
싶습니다.

내가 한
조언,
괜찮았을까….

과연
그 사람을 위한
것이었을까….

공자
선생님이라면
뭐라고
말씀하실까….
나는
선생님의
가르침을
제대로
이해하고
있을까?

61 포기하는 순간 끝이다

역부족자 중도이폐 금녀획
力不足者 中道而廢 今女畫
힘이 부족한 자는 중도에 그만두니, 지금 그대는 스스로 한계를 긋는다. 옹야 제6

열심히 한다고 모든 일이 다 잘 풀리는 건 아닙니다. 아무리 노력해도 잘 안 풀리는 일이 더 많아요. 제자 염유가 어느 날 이렇게 투덜거리며 한탄했습니다. "선생님의 도를 배워서 행복하지만, 애석하게도 저는 능력이 부족해서 여전히 몸에 익히지 못했습니다." 그러자 공자는 이렇게 달랬습니다. "정말로 능력이 부족한 자는 할 수 있는 만큼 하다가 도중에 힘이 다해서 그만둘 것이다. 그러나 너는 아직 전력을 다하지 않았다. 지금 너는 네 한계를 스스로 정하고, 하지 않는 변명으로 삼는 것이다." 힘이 다할 때까지 해 본 후에 판단하는 것이 중요합니다. 하기 전부터 못 할 이유들을 생각하거나 조금 힘을 써 본 단계에서 이제 되었다고 도망치면 아무런 진전이 없다는 게 공자의 가르침입니다.

"단념하면 바로 그때 시합은 끝이다." 이노우에 다케히코의 만화 『슬램덩크』에 나오는 말입니다. 북산고 농구부 감독 안한수의 명언이죠. 처음은 남은 시간 12초에 정대만이 패배를 각오했을 때, 또 한 번은 후반전이 8분 남은 상황에서 22점 차이로 지고 있을 때 강백호에게 한 말이죠. 상황이 너무 불리해서 '이걸 어떻게 이겨!' 하고 전부 다 포기하고 싶을 때가 당연히 있죠. 하지만 그건 스스로 게임 오버를 선언하는 것과 마찬가지입니다. 그럴 때마다 포기하면 결국 아무것도 얻지 못해요.

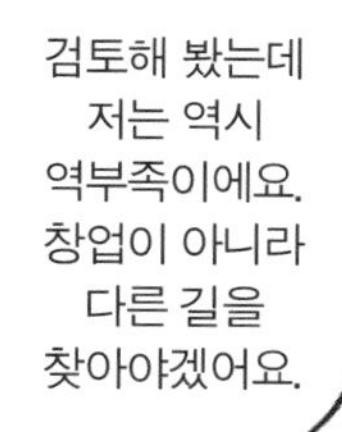
검토해 봤는데 저는 역시 역부족이에요. 창업이 아니라 다른 길을 찾아야겠어요.

창업을 고민하던 청년이 또 찾아왔다.

!
역부족인지 아닌지 해 보지도 않았는데 어떻게 알지?

잘될지 안될지는 해 보지 않으면 몰라.
스스로 한계를 정하지 말아야지.

네!
힘내
정말 고맙습니다…. 한번 도전해 보겠습니다!

62

크고 중요한 일은 시간이 오래 걸린다

여유왕자, 필세이후인
如有王者, 必世而後仁
어진 임금이 있어도 반드시 세대(30년)가 지나야 인덕이 남는다. 자로 제13

공자가 살았던 춘추시대는 그 후 이어진 전국시대만큼 혼란스럽지는 않았으나 중국 전체에 크고 작은 나라가 마구 세워져 올바른 정치가 이루어지지 않았습니다. 그랬기에 공자는 도덕을 널리 알리고 올바른 정치를 하는 나라를 세우는 데 도움이 되고 싶다고 생각했죠. 그러나 안타깝게도 노나라 대신 자리에서 3년 남짓 만에 쫓겨났고, 그 후로 정치에 관여하지 못하고 방랑 생활을 했습니다. 그래서 공자는 교육으로 인재를 키워 사람을 통해 나라를 바꾸려 했습니다. 그러려면 시간이 오래 걸리죠. 크고 의미 있는 성과는 시간이 형태를 만들어 줍니다. 공자는 이렇게 말했습니다. "만약 천명을 받아 제왕이 된 자가 있어도 한 세대, 30년이 걸려야 비로소 인이 널리 퍼진 세계가 될 것이다."

이렇게 말한 공자지만, "만약 누군가 내게 국정을 담당하게 한다면 1년 안에 그럭저럭 일을 이루어 보일 것이다. 3년 뒤에는 훌륭하게 달성해 보이리라"자로 제13라는 말도 남겼습니다. 보통은 30년이 걸리는 일이지만 공자 본인이라면 3년 안에 할 수 있다는 자부심을 나타낸 것일 수도 있겠네요. 변화가 매우 많은 현대는 사람도 사회도 빠른 결과를 바라게 되죠. 그러나 사람을 키우는 일은 길게 봐야 하는 일입니다. 자신, 혹은 다른 사람의 성장을 보며 느리다고 조급해할 필요가 없답니다.

단기적인 목표 달성에 마음을 빼앗기기 쉬운데
진정한 의미에서 결과가 나오기까지는 수십 년이란 시간이 걸려.
그러니 장기적인 목표도 잊지 말아야 해.

63 아는 것보다 좋아하는 것, 좋아하는 것보다 즐기는 것

지지자불여호지자 호지자불여락지자
知之者不如好之者 好之者不如樂之者
아는 자는 좋아하는 자만 못하고 좋아하는 자는 즐기는 자만 못하다. 옹야 제6

사람은 반성하며 성장하는 법인데, 이때 반성이란 무언가를 진지하게 생각하는 것과는 다릅니다. 공자는 이렇게 말했습니다. "배울 때, 아는 자는 좋아하는 자에 미치지 못한다. 또 학문을 좋아하는 자는 학문을 즐기는 자에 미치지 못한다." 공자가 어떤 인물이냐는 섭공의 질문에 자로가 대답을 못 하자, 공자는 "왜 이리 말하지 않았느냐?"라며 다음과 같이 자기 자신을 표현했습니다. "그자는 학문에 힘쓰느라 먹는 것을 잊고 도를 즐기느라 근심을 잊고 노화도 깨닫지 못하는 그런 인물이로다." 술이 제7

뭐든 즐기는 것이 중요합니다. 열심히 공부했으나 결과가 좋지 않으면 물론 괴롭죠. 그래도 좋아하는 일이라면 그렇게까지 괴롭지 않습니다. 나아가 즐거운 일이라면 고생이나 역경이 있어도 극복할 수 있습니다. 『논어와 주판』이라는 책을 쓴 시부사와 에이이치는 젊은이들에게 이렇게 말했습니다. "어떤 일을 하든 가슴 뛰는 취미를 지녀야 한다." 일뿐만 아니라, 싫다고 생각하는 일은 뭐든 다 괴롭죠. 그런데 여기에 흥미와 재미가 더해지면 '이걸 이렇게 해보고 싶어'라고 스스로 생각하며 푹 빠져들 수 있습니다.

산이 보이는 공원은 그녀가 아주 좋아하는 곳이다.

젊어서 읽었던 책도 이렇게 다시 읽으니 새롭게 알게 되는 점이 많군….

예전에는 무시당하지 않으려고 안달했는데….

지금은 그저 즐거워…. 이런 게 성장이겠지.

64

자재천상 왈 서자여사부 불사주야
子在川上 曰 逝者如斯夫 不舍晝夜
공자가 냇가에서 말씀하셨다. 흐르는 것이 이와 같다. 밤낮으로 쉬지 않는다. 자한 제9

어느 날 공자는 강물을 바라보며 이렇게 말했습니다. "이 세상은 마치 이 강물처럼 흘러가는구나. 밤낮을 가리지 않고 흘러간다." 이 말을 두고 여러 해석이 있습니다. 하나는 세상을 좋게 만들겠다는 큰 뜻을 품고 최선을 다해 학문에 힘썼는데도 정치가로서 성공을 거두지 못한 자신의 불우한 인생을 한탄하는 것이라는 해석입니다. 또 하나는 학문은 과거, 현재, 미래라는 시간의 흐름을 타고 미래로 흘러가는 것이니 사람은 강물의 흐름처럼 쉼 없이 노력해야 한다는 해석입니다. 요즘은 후자로 해석하는 것이 주류입니다.

공자는 "학문이란 한없이 추구하고 배운 바를 잊지는 않았는지 두려워하는 마음가짐으로 공부하는 것이다"태백 제8라고도 말했어요. 사람은 언제 어느 때나 배워야 한다는 강렬한 의지가 느껴지는 말이지요. 그런 공자이니 강물의 흐름에서 본 것은 역시 과거가 아니라 밤낮없이 노력해야 한다는 마음가짐 아닐까요. "흐르는 강물은 끊이지 않으며 처음의 물은 없도다." 이는 가모노 초메이의 수필집 『호조키』의 유명한 서두입니다. 사람은 세상의 변화에 따라 휘둘리며 살지만, 그 안에서도 자신의 의지로 살아가는 것이 중요합니다.

공자 선생님께 배우지 않았다면 지금의 나는 없었어.
돌이켜보면 참 많은 일이 있었지….

시간이 조금 더 있으면 좋을 텐데….
그나저나 시간은 참 쏜살같이 흐르는구나.

정체하는 시간이 훨씬 더 아까워!
중얼
중얼
하지만 아직 인생은 끝나지 않았어!

휙
앞으로도 열심히 공부해야 해!

삼군가탈수야, 필부불가탈지야
三軍可奪帥也, 匹夫不可奪志也
삼군을 거느렸어도 장수를 빼앗을 수 있으나 필부에게서는 마음을 빼앗을 수 없다. 자한 제9

"빼앗지 못하는 것이 바로 뜻이다. 멸망하지 않는 것은 그 뜻의 작용이다." 사상가 요시다 쇼인의 말입니다. '어떤 일이 있어도 사람의 마음에 깃든 목표나 꿈, 뜻은 빼앗을 수 없다. 설령 죽더라도 그 작용은 절대 사라지지 않는다'라는 뜻입니다. 쇼인은 스물아홉에 사형 선고를 받고 죽었지만, 그의 뜻은 살아남아 그가 창설한 학당에 모인 젊은이들에게 이어져 메이지유신을 이루어 냈습니다. 막부는 요시다 쇼인의 목숨은 빼앗았어도 뜻을 빼앗지는 못했죠. "수만 명의 병사(삼군)를 이끄는 총 대장이라도 그 몸을 빼앗을 수 있으나, 한 사람이 마음속에 품은 뜻은 그 누구도 빼앗을 수 없다." 당시 일군은 1만 2,500명이었고 삼군은 3만 7,500명이었습니다. 그런 대군이 지키는 총대장을 포로로 잡을 수는 있어도 뜻을 빼앗는 일은 아무도 하지 못한다는 뜻입니다.

증자도 이렇게 말했습니다. "인생에 큰일이 생기더라도 뜻을 빼앗기지 않는 자가 바로 군자다."태백 제8 어떤 시련이 있어도 뜻을 빼앗을 수 없습니다. 오히려 뜻은 더욱 강해지죠. 강한 뜻을 지니면 사람은 반드시 무언가를 이룹니다.

은퇴한 그녀에게
에세이를 써 달라는
출판사의 의뢰가
들어왔다.
부탁드립니다!

써 보겠습니다.
내가 죽더라도
내 뜻을 물려받는 사람이
단 한 명이라도
있었으면 좋겠어….

타닥
타닥

회상하니까
눈물이
나네….
찌잉—
옛날 생각을
하며 울다니,
나도 나이를
먹었어….

조문도 석사가의
朝聞道 夕死可矣
아침에 도를 들으면 저녁에 죽어도 좋다. 사인 제4

질서나 도덕이 무너진 춘추시대에 공자가 말하는 이상을 실현하기는 매우 어려웠습니다. 하긴, 이상을 실현하는 일은 언제나 어려운 법이니 중세나 근대였다고 해서 쉬웠을지 의문이군요. 어느 쪽이든 참으로 높은 이상이었기에 공자가 전 생애를 바쳐 추구한 것이겠죠.

요즘 많은 사람들이 "끝날 때까지는 끝난 게 아니야"라고 말하는데, 공자도 '이상을 실현하기까지는 죽을 수 없다'라는 마음을 평생 품었을 겁니다. 그는 이런 말을 남기기도 했습니다. "아침에 올바로 살아가는 도를 듣는다면 그날 저녁에 죽어도 좋다." 마침내 진실의 길이 밝아졌는데 그날 저녁에 죽어도 좋다니, 아이러니하지 않나요? 아마도 평생을 바쳐 추구한 이상에 도달하는 것이 얼마나 어려운지를 단적으로 표현한 말일 것입니다.

뛰어난 예술가나 기술자들이 종종 "죽을 각오로 연습했습니다"라고 말하는 걸 들은 적이 있을 거예요. 목표가 그만큼 높기 때문이죠. 그렇기에 추구할 가치가 있습니다. 공자의 말에는 어려운 목표라도 절대 포기하지 않고 계속하는 마음가짐의 중요성, 평생 스스로 갈고닦는 일의 가치가 담겨 있습니다.

어느 겨울날.
딩동
누구지?

오냐.
공자 선생님?! 그동안 별일 없으셨어요?
하나도 안 변하셨네요!

그 후로 어떻게 지냈느냐? 이상을 실현했느냐?
아니요, 아직 멀었어요.
글썽

이상은 죽을 때까지 추구할 수밖에 없단다.
네! 선생님!

MEMO

MEMO

MEMO